シリーズ「遺跡を学ぶ」119

東アジアに翔る上毛野の首長

綿貫観音山古墳

大塚初重・梅澤重昭

新泉社

東アジアに翔る上毛野の首長
—綿貫観音山古墳—

大塚初重・梅澤重昭

【目次】

編集委員
勅使河原彰（代表）
小野　昭
小野正敏
石川日出志
小澤　毅
佐々木憲一

装　幀　新谷雅宣
本文図版　松澤利絵

第1章　未盗掘古墳の調査

1　原形をとどめていた古墳

群馬県高崎市東部を流れる井野《いの》川の右岸の地に、前方部を北面して位置する前方後円墳の墳頂に立つと、北には遠く榛名山《はるなさん》をはさむかのように、左に浅間山《あさまやま》をはじめとする上信武国境の山並み、右に裾野を引く赤城山《あかぎやま》を、振り返れば東南方は果てもなく広がる関東平野を望む雄大な景観にしばし心を奪われる。

一九六五年二月、この綿貫観音山《わたぬきかんのんやま》古墳の南二〇〇メートルほどの地にある綿貫不動山《ふどうやま》古墳の調査の一環で、綿貫古墳群の残存古墳の墳丘測量をおこなうため高崎市綿貫町に向かった私は、それまで足を踏み入れることもできないほどの篠笹《しのざさ》が生い茂る雑木林であった綿貫観音山古墳が、はだか山に変貌しているのを目のあたりにして驚愕したのである。

当時、一帯は水田・桑園が見渡す限り広がる純農村地帯で、聞けば岩鼻地区の養蚕農家が共

図１●綿貫観音山古墳の発掘調査が終わって間もないころの綿貫古墳群
左下の古墳が綿貫観音山古墳。中央やや右の森が普賢寺裏古墳。右上方に並列するように前方部が削平された綿貫不動山古墳が見える。

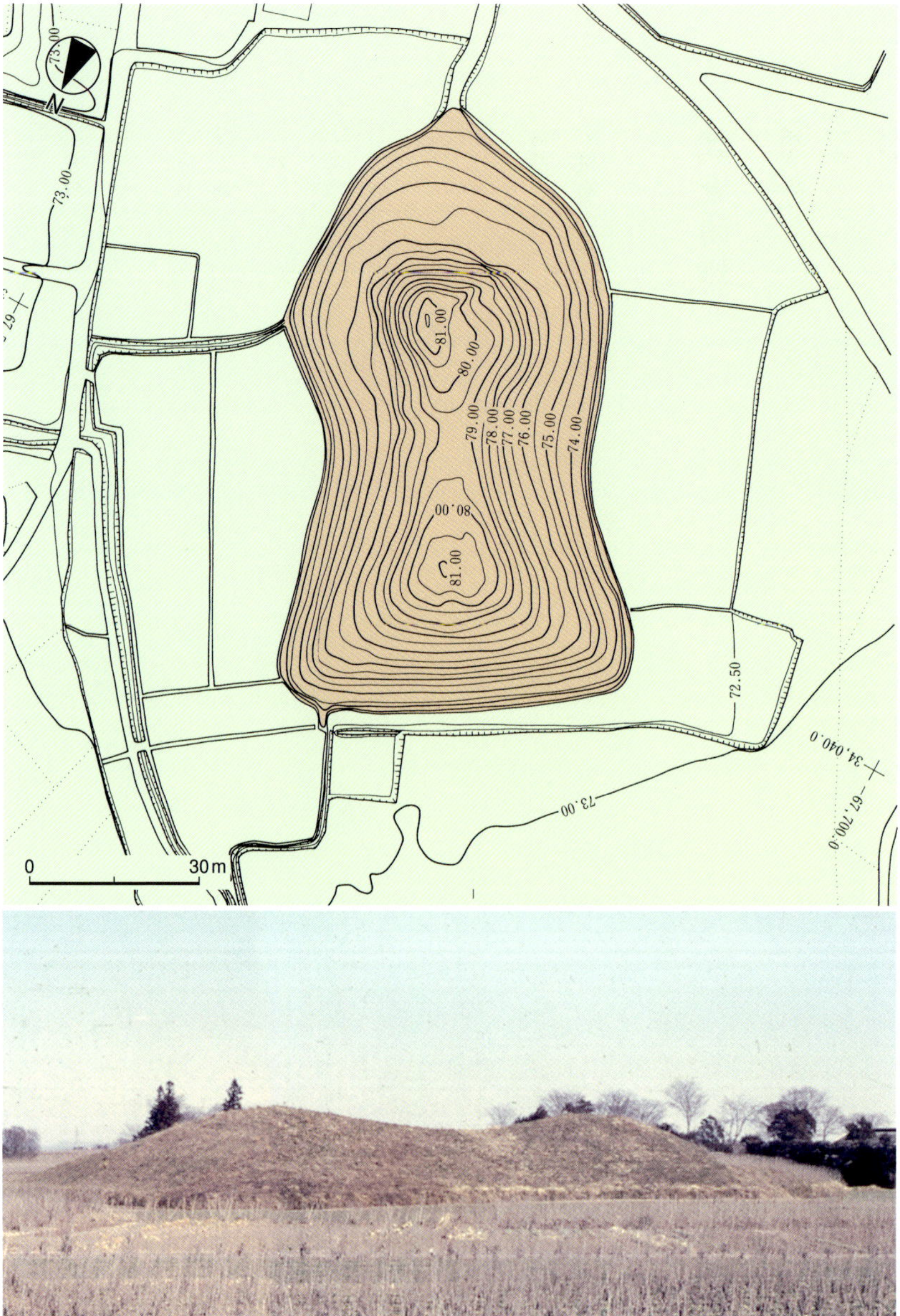

図2 ● 発掘調査前の綿貫観音山古墳
墳丘は後円部後方が削平されているが、二段築成の前後墳丘の高さがほぼ同じ二子山の形態をよく残している。

同稚蚕飼育場設置のため、綿貫観音山古墳に稚蚕用桑園を造成するという。この機会を逃しては墳丘測量調査はできないだろうと、関係者の了解を得て、とにかく測量だけは実施した。

この測量調査によって綿貫観音山古墳は、後円部後方に削平があるものの、ほぼ原形をとどめているきわめて保存状態のよい古墳であることがわかった。墳丘は二段築成の前方後円墳で、一帯の平坦な畑地からは一段低い水田が周囲をめぐっていて、それが周堀面であることも推定できた。このため、群馬県や高崎市はこの古墳の調査、保存にむけて、農家との話し合いをはじめた。二年間の紛糾した話合いののちに、綿貫観音山古墳の発掘調査は群馬県教育委員会の事業として、実務は群馬県立博物館が担当し、実施することになった。といっても、行政機関に現在のような埋蔵文化財調査体制は整備されてはいなかった時代。明治大学考古学研究室の協力を得て、一九六七年度から一九六八年度にかけて三次にわたる調査がおこなわれた。

調査の結果、綿貫観音山古墳は墳丘、主体部とも保存状態は良好で、豊富な副葬品は盗掘の被害のない稀有の古墳であることが判明したのである。

2　調査開始

埴輪〝祭人像グループ〟と横穴式石室の発見――一次調査

当初、一次調査の目的は、墳丘保存状況の確認と各所に破片が散在していた埴輪類の保護、および主体部確認であった。

一九六八年二月、まず、墳頂部から墳丘主軸に直交するトレンチを設定し、後円部西側の調査をはじめた。トレンチ内に検出された墳丘中段の平坦面の発掘範囲を広げてゆくと、後円部墳丘西側から前方部くびれ方向に向かって人物埴輪の存在範囲が約三×九メートルにわたって検出された。のちに、復元作業を経て明らかになった三人童女埴輪を間にして対座する合掌する男子埴輪と祭具を捧げ持つ女子埴輪を主役とする埴輪人物群である。これら埴輪人物群を私は〝祭人像グループ〟とよぶことにした。

〝祭人像グループ〟から後円部後方に向かって、上段墳丘をめぐるように墳丘中段平坦面上には円筒埴輪列がのびていることは、破片の分布から推定できたが、後円部後方は観音山古墳の名称となった観音堂の敷地跡で、削平されていた。

墳丘中段平坦面の発掘区を後円部斜め後方に向かって拡張してゆくと、上段墳丘基部にあたる部分で川原石積みの箇所がみつかった。

図3 ● 石室羨道入口の塡塞石積み
後円部西側斜め後方に姿をあらわした横穴式石室の羨道入口をふさぐ石積み。最後に大形川原石で封鎖している。

測量したときに、綿貫観音山古墳に葺石はないと確認しており、後円部墳丘の形状から主体部は横穴式石室を推定していたが、この川原石積みは横穴式石室羨道入口の塡塞《てんそく》石積み（図3）か、擁壁《ようへき》石積みの一部であることは明らかで、主体部の横穴式石室は盗掘されることなく、埋葬された当時のままの状態であることは疑う余地がなかった。

塡塞石と思われる川原石積みを除いた穴からのぞいた懐中電灯の光に照らし出された石室内の光景は、今も鮮明に脳裏に残っている。

玄室壁面は、角閃石安山岩《かくせんせきあんざんがん》切石積みの横穴式石室であることはすぐわかった。玄室の奥壁に向かって左側の壁面にもたれかかるように崩落している巨大な天井石。暗闇に目が慣れてくると、側壁際床面に散在する錆ついた鉄地金銅張製の馬具類の数々に残る金箔に反射する光がきらめき、玄室最奥部には崩れ堆積する挂《けい》甲《こう》の鉄製小札《こざね》群の上に鉄製冑《かぶと》が転がるようにのっている光景に足は震え、しばらくは言葉を失っていた。

石室内の状況は明らかになったものの、天井石の崩落した石室内の調査は危険だった。本調査に備え、石室の規模、保存状態を確認し、保安上必要な左側壁際に散在する遺物類のとり上げをもって、三月下旬に第一次調査は終了した。

図４ ● 石室開口時の石室内部
羨道部を開いて最初にのぞいた玄室内部の光景。崩れかかろうとしている左側壁を崩落した天井石が支え、側壁際に遺物が散乱している。

石室内の調査―二次調査

一九六八年七〜八月に実施した二次調査は、石室内部の調査が主となった。

後円部墳丘頂部の調査をすませた後の墳丘掘削作業は、さながら土木工事現場。崩落した玄室天井石のとりはずしは最初、大型重機で除去を試みたが、びくともしない。クレーンを現場で組み立てて挑戦し、やっととりはずせた。最大の天井石は玄室屍床部《げんしつししょうぶ》をおおう鏡餅形の転石で、横三・五メートル×縦四・一メートル、最大厚約一・〇五メートル、重さは二〇トンを超えており、観音山古墳構築の技術力の高さに驚かされた。

六石構成の天井石は日本三碑の一つ、多胡碑《たごひ》の碑体としても知られ、地元では多胡石とよんでいる牛伏《うしぶせ》砂岩。綿貫観音山古墳から西南方一三キロにある牛伏山付近から運ばれてきた岩石である。鏑川《かぶらがわ》下流域から神流川《かんながわ》流域の高崎市南部や藤岡市域の後期古墳の横穴式石室用材として広く普及

図5 ● 石室天井石の被覆状態
玄室部3石、羨道部3石を構架し、隙間に川原石を詰め、砂利と粘土質の土で被覆。全体形は亀甲形に仕上げている。

した石材だが、綿貫観音山古墳では、天井石にだけ使用されていた。

石室の壁体は川原石積みの羨道入口部のほかは、すべて榛名山二ッ岳の噴火で噴出した溶岩塊の角閃石安山岩の切石積みで、その壁体に構架した天井石は羨道部、玄室部とも三石で並べた隙間に砂利を詰め、さらに粘土質の土で被覆した後、墳丘を構築していた。

玄室は奥壁に向かって右壁が崩壊していて、右側床面に土砂とともに堆積し、中央部位の天井石が左側壁を支えるようにもたれかかる状態で崩落し、右の壁側のほとんどが埋没していた。重機を使ってのこの調査は、高崎市の信澤工業（株）全社をあげての協力があってできたことだった。

石室の解体修理に備えて、石室壁面の個々の積み石に番号を振り、実測した後、床面精査にとりかかった。床面には豪華な副葬品が当時のままの位置で次々と姿をあらわした。これらの出土状態については４章で説明しよう。

二次調査では、この石室の調査のほかに前方部の墳頂部と墳丘中段部平坦面の埴輪類配列確認の調査もおこなった。

図７●天井石をとりはずした石室内部の調査
側壁の石材一つひとつに番号を付しながら、いよいよ石室調査開始。

図６●土木工事現場のような天井石のとりはずし
クレーン設置の鉄骨やぐらを組んで、奥壁寄りから天井石をつり上げ、移動する。

前方部、後円部とも墳頂部には家形埴輪、前方部前面中段平坦面には馬子に曳かれる飾馬群が、同部左側部中段平坦面には間隔を置いて並べられた盾形埴輪列が確認された。発掘区すべてにおいて崩落した円筒埴輪、盾の破片が認められ、後円部からくびれ部鞍部を経て前方部墳丘の縁部には盾形埴輪をともなう円筒埴輪の配列が推定された。

盛装した男子埴輪群—三次調査

三次調査は、一一月から一二月に実施。墳丘西側くびれ部を中心に、後円部側部から前方部にかけての範囲の中段平坦面に配列する埴輪群の調査と綿貫観音山古墳の墓域範囲の確認、あわせて周堀部の確認調査をおこなった。

二次調査時に、くびれ部で盾持ち男子埴輪がみつかっており、後円部側部からくびれ部にかけての人物群像は〝祭人像グループ〟とどのようにかかわった人物群なのか興味深いものがあった。残念ながら、この部位での人物像群は損壊、欠落していて、すべてを確認できたわけではない。しかし、〝祭人像グループ〟寄りから、盛装男子立像群、次に、挂甲着装武人像、くびれ部に、鍬を背にする農装男子立像群をもって構成する人物埴輪群の配列が推定できた。職能をあらわす人物埴輪はなく、すべて男子埴輪であった。しかも、それら人物埴輪群の向きは、

図8 ● 前方部墳頂部の家形埴輪出土状況
こまかく割れて散在する家形埴輪の出土状態。
散布状態を図にとりながら調査。

原位置をとどめた台部が置かれた向きからみて、みな上段墳丘、すなわち主体部石室を背にし、配置されていたと思われる。この人物埴輪群を私は〝頌徳《しょうとく》像グループ〟とよんでいる。この古墳に葬られた首長の権能、威勢を彷彿とさせるものがあるからである。

一方、三次調査では、周堀部の調査もおこなった。古墳墓域の範囲、周堀が中堤をもつ二重堀であること、内堀部は広大で堀底は浅く、ほとんど常時の湛水《たんすい》はなかったものであったことを確認した。

この三次にわたる調査後、観音山古墳は一九七三年に史跡に指定され、保存されることが決定した。これにより群馬県による史跡地の公有化、県教育委員会による整備事業が進められて、一九八一年一一月に史跡公園・観音山古墳として公開された。この整備事業で従来の古墳調査では手の届かなかった調査もおこなわれた。それらの調査の成果も含めて、綿貫観音山古墳とはどのような古墳で、その被葬者はどのような人物であったのかを次章からみていこう。

（梅澤重昭）

図９● 整備された綿貫観音山古墳
墳丘は二段築成。基壇状の下段の墳丘上に上段墳丘を構築。上段墳丘裾まわりの平坦面と頂部が埴輪の配列部位。主体部横穴式石室は上段墳丘後円部斜め後方に開口する。周囲の青色範囲は周堀部。

〈コラム〉

石室の解体と石積み―老石工の教え

綿貫観音山古墳の保存修理事業は、一九七六年から六カ年を要した。石室修理は解体に一年、壁石と天井石設置に二年かかった。筆者はその間現場に常駐し、工事の進捗に合わせ調査を実施した。

玄室はすべて解体した。壁石は奥壁九〇石、左壁二四二石、右壁二三五石の計五六七石である。多くはひび割れ、外すともろくて割れて崩れていった。八一八年（弘仁九）に北関東中部で起きた大地震で崩壊したものか。補修しないで使用できるのは三一八石、補修（接着および樹脂含浸など）して使えるのは一〇六石、新たに補うのは一四三石であった。損傷率は四四パーセントにのぼる。

石積みは通し目積みで、隣接する石と食い違う箇所はL字型の切れ込みを入れて縦目を防いでいる。壁体の下部に大ぶりの石を用い、上部ほど小ぶりとなる。大きさは縦横が二〇〜三五センチほど、奥行き五〇センチほどが平均である。重さは、平均で四六キロほど。一人か二人で運べる大きさといえる。

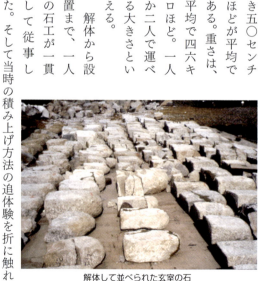

解体から設置まで、一人の石工が一貫して従事した。そして当時の積み上げ方法の追体験を折に触れて話してくれた。

解体して並べられた玄室の石

上段の壁石を外すと、下には純白の削り屑が裏込め砂利層までびっしり広がり、一部は石室床下にまで散らばっている。積み上げに際し、調整加工した痕跡であるという。削り屑は上下左右の石の隙間の充填に利用しているとのことであった。石室に面する小口は内傾して加工され、上面と側面はほぼ直角に加工する。積み上げは、ほぼ水平である。したがって、石室壁面は内傾することになる。内傾は下部が緩く、上部ほどきつい。石室内面を構成する小口面は隣石と隙間なく積まれており、技術的な高さがうかがえるとのことであった。そのためには、隣接する壁石の奥側をやや削り込み、端を合わせているとのことである。また、上下の石の座りを図るため、下の石の上面をやや削って凹ませているものが多く、さらに調整加工で生じた削り屑を敷き込み、上下の石をよくなじませたのだろうという。

老石工は、長年培った技と、本石室にかかわった三年間の経験から、石室の崩れは軟質な角閃石安山岩を積み上げた広大な空間に、巨大な天井石を架したからだろうと語った。

（桜場一寿）

据えられた根石

壁石を一つずつ積み上げてゆく

積み上げられた玄室の奥壁と側壁

第2章　五世紀の伝統を守る前方後円墳

1　綿貫観音山古墳が造営された地

今から二万四〇〇〇年前（後期旧石器時代）に、綿貫観音山古墳のはるか西にある浅間山が噴火し、山体崩壊した。その土石流は赤城山と榛名山の南方に広がる利根川・烏川《からすがわ》の氾濫原を埋め尽くし、厚く堆積した。その広がりは現在の高崎市東南部、前橋市南部、玉村町、伊勢崎市西南部の地域に及んだ。利根川や烏川、そして井野川が浸食し、河崖に囲まれた平野であるこの地を研究者の間では、〝前橋台地〟とよんでいるが、さらに井野川を挟んで東を〝前橋台地〟、西を〝倉賀野台地〟と区分し、その間の井野川流域を本書では〝井野川低地帯〟とよぶことにする。

榛名山南麓から流れる井野川は、東の前橋台地、西の倉賀野台地の間を流れ、烏川に合流して利根川へとつづく。この井野川低地帯には、古墳時代中期から後期に多くの古墳が出現した。

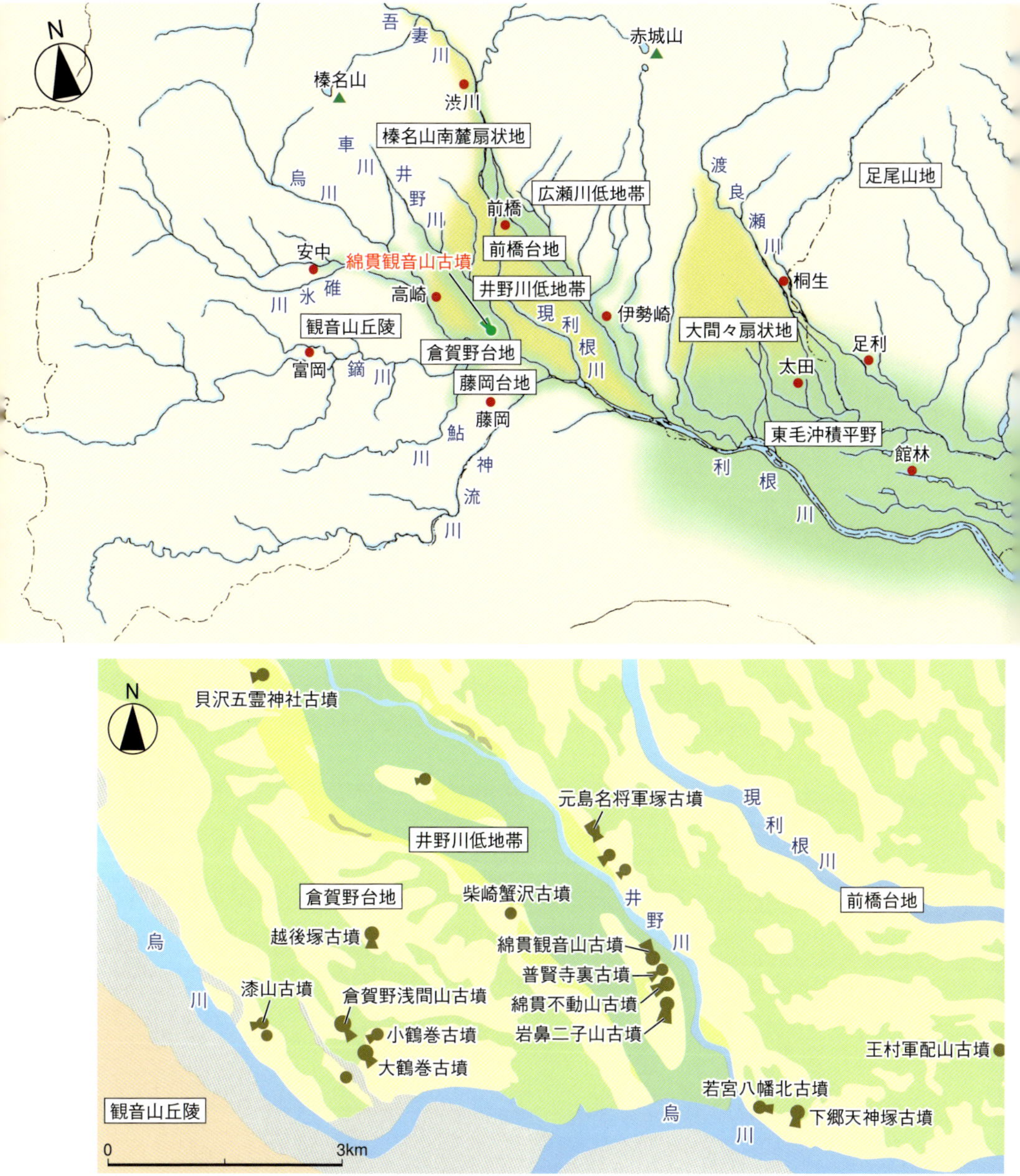

図10 ● 綿貫観音山古墳の立地（上）と井野川流域の古墳分布（下）
綿貫観音山古墳は前橋台地の平野を東西に分ける井野川低地帯の下流域に分布する最後の前方後円墳。井野川流域の大形前方後円墳は5世紀中葉以降、下流域に綿貫古墳群、上流域に保渡田古墳が出現するが、6世紀前半代は衰退。綿貫観音山古墳はその後、6世紀後半の570年代に出現した。

一九三八年（昭和一三）にまとめられた『上毛古墳綜覧』によれば、井野川下流域には四八基の古墳が登録されているが、これらの古墳の分布域は前橋台地と倉賀野台地の間を流れる井野川の右岸の小規模な河岸段丘面の沖積地に広がる微高地に分布する。古墳時代前半代の四世紀、五世紀の初めころまでは周溝墓群の出現を除けば目立った古墳の分布は明らかでないが、古墳時代中期の五世紀中葉になって、綿貫不動山古墳や岩鼻二子山《いわはなふたごやま》古墳などの大規模前方後円墳の出現を契機にして発展をみた地域である。

ちなみに、周辺の前橋台地、倉賀野台地域を含めて古墳分布の概況を述べれば、前橋台地西南縁の地は、元島名将軍塚《もとしまなしょうぐんづか》古墳や下郷天神塚《しもごうてんじんづか》古墳などの大規模古墳を中核とする四世紀前半代からの古墳群形成が進んだ地。一方、倉賀野台地東北縁の地には柴崎蟹沢《しばさきかにさわ》古墳などの初期古墳が出現しているが、台地西南縁の地に倉賀野浅間山《せんげんやま》古墳や大鶴巻《おおつるまき》古墳などの大規模古墳を中核とする四世紀後半代からの倉賀野古墳群が出現している。

しかし、これら周辺地域にあっては、五世紀中葉から後半代を飾る大規模古墳の出現はみられない。その時期に綿貫古墳群が出現している。綿貫観音山古墳は、井野川右岸の河岸に面した微高地に造営された綿貫古墳群を構成する中核墳である。五世紀中葉から六世紀初めにかけて継続して出現した綿貫不動山古墳、岩鼻二子山古墳、普賢寺裏《ふげんじうら》古墳の後、約半世紀の時期をおいて、六世紀後半代に綿貫古墳群の最北端の地に造営された（図53参照）。

2　綿貫観音山古墳の墳形

前方部も後円部も同じ高さ

綿貫観音山古墳は、平坦地に盛り土して築造されていた。その土質はローム質土を主に、黒褐色土（地表土）と互層に積んでおり、周囲の堀の掘削土も用いているのだろうが、近くの井野川の河崖などの土も多く使われたと思われる。

上から見ると全長九八メートル、後円部径五六メートル、前方部幅五九メートルの前方後円墳だが、横から見ると前方部の高さ九・四メートル、後円部の高さ九・六メートルであり、下段墳丘上にほとんど同じ高さの上段墳丘が二つの山のように前後につながって並んでいる。墳丘の周囲には中堤に囲まれた広い内堀をめぐらせている（**図11**）。

下段墳丘は後円部の径と前方部の幅がほぼ同じで、六世紀後半に出現した毛野《けの》（群馬県東南部から栃木県西南部の地域）の後期大規模前方後円墳（全長一〇〇メートルクラス）が藤岡市七輿山《ななこしやま》古墳以降、前方部墳丘を大きく発達させる傾向を示しているなかで、中期前方後円墳の墳丘形態を踏襲した特異な存在である。類例を求めれば、甘楽《かんら》町の笹ノ森古墳がほぼ同形同大の古墳として知られるだけである。

晋尺で築造された墳丘

綿貫観音山古墳の墳丘の企画・設計は、**図12**のようだったと私は推定している。当然のこと

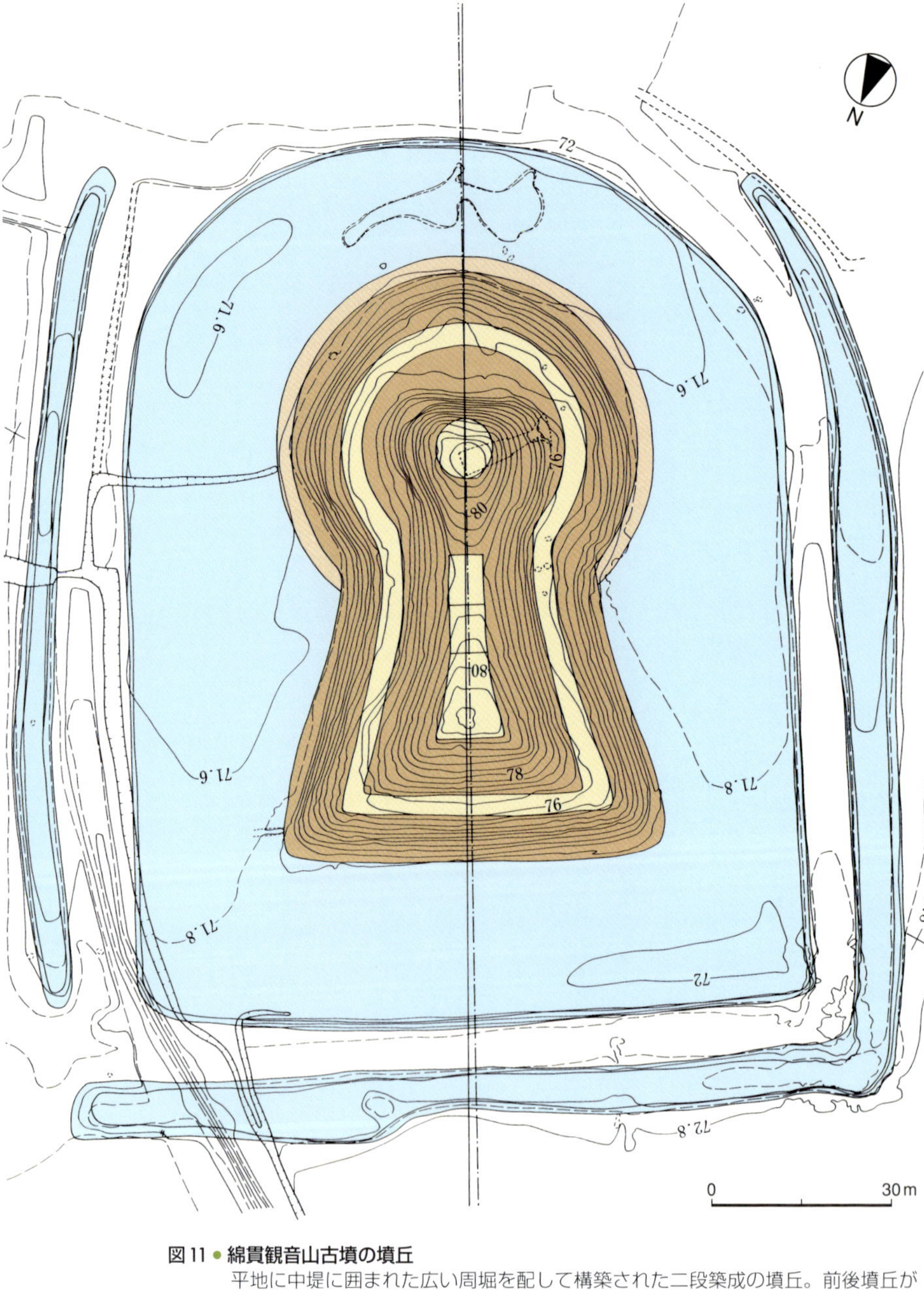

図11 ● 綿貫観音山古墳の墳丘

平地に中堤に囲まれた広い周堀を配して構築された二段築成の墳丘。前後墳丘が伯仲する規模の墳丘形態は中期前方後円墳の墳丘プランを踏襲した形態。

ながら、こうした設計法で古墳を築造したとしても基準となる尺度がなければ作業はできない。綿貫観音山古墳の場合、一尺＝二四センチ（晋尺《しんじゃく》推定）が使用されていたと思われる。その墳丘形態の系譜をさかのぼれば、毛野では太田市の天神山古墳にはじまり、綿貫不動山古墳→保渡田《ほどた》八幡塚《はちまんづか》古墳→綿貫観音山古墳へという推移がたどれる。これらの古墳の基本単位は一・二〇メートルで、晋尺に換算すれば五尺となるので、五尺＝一尋《ひとひろ》の単位尺で設計されていると考えてよいだろう。

五世紀中葉に毛野に定着した前方後円墳の造営の知識や技術は、井野川流域に勢力を確立し、のちに毛野氏の雄族になった氏族の後裔たる綿貫観音山古墳の首長に伝承されたと思われる。

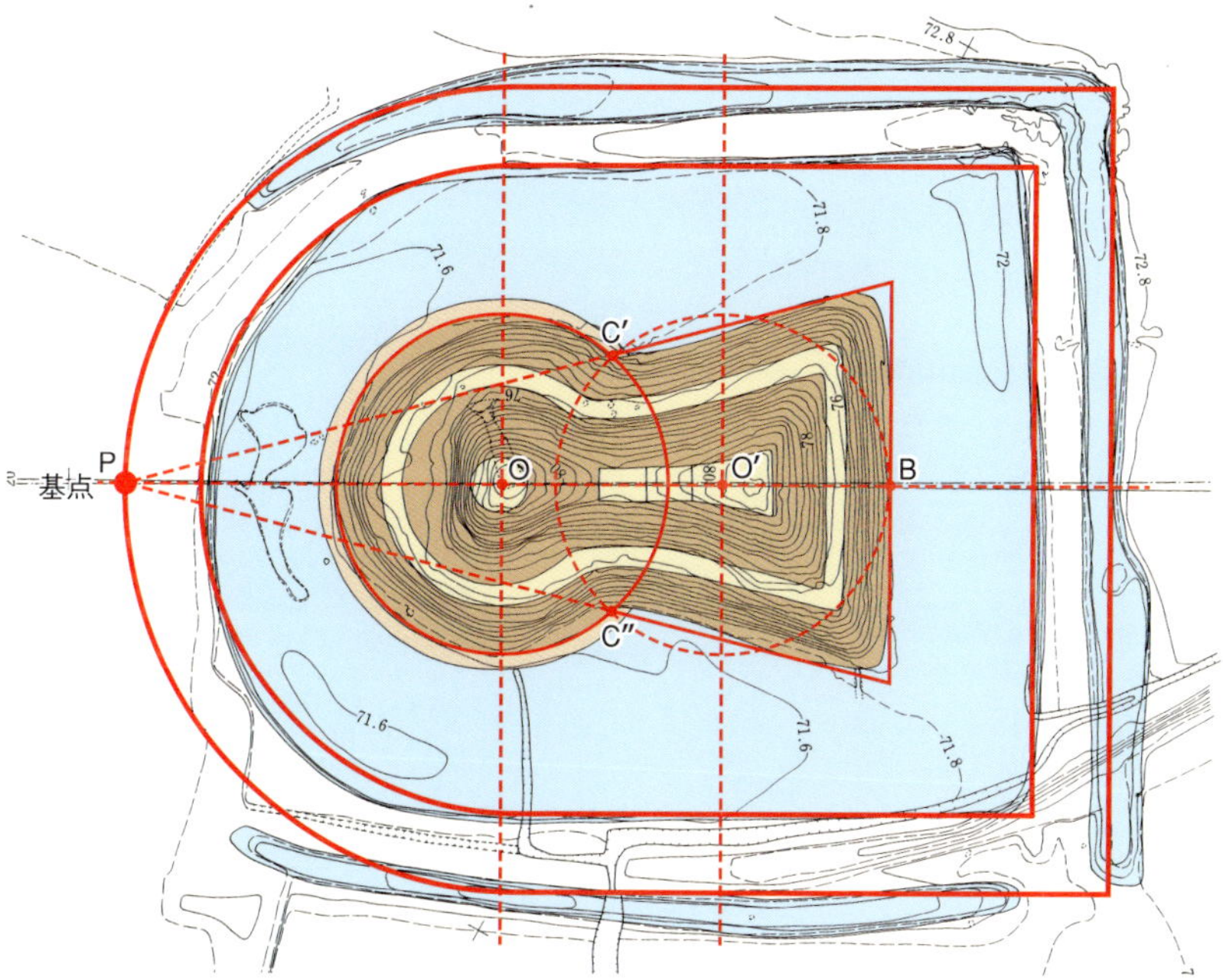

図12●綿貫観音山古墳の墳丘の設計・企画
主軸線を設定し、その線上に38.4 mの間隔をとって半径28.8 mの後円部円Oと前方部円O'を設定。O、O'の交接点をくびれ部 C'、C"とする。後円部後方67.2 mを基点Pとして、C'、C"を結んだ延長線を前方部側部裾線とする。前方部前面裾線は主軸線とO'の交接点Bの外接線として設定。前方部平面プランは描出できる。

3　群馬県では最大規模の石室

五条野丸山古墳と同形の玄室

石室構造の全容は、綿貫観音山古墳整備事業での石室解体修理において明らかにされたが、石室裏込め養生の範囲は長径一五・〇メートル、最大幅八・〇メートルの「大判」形で、天井石の上面は墳頂部から約二・二メートル下に埋設されていた。埋設する前に玄室覆土上には須恵器甕一個が置いてあった。石室を地中の邪神から守護するために供えられた神饌の酒甕であろう。

横穴式石室は後円部墳丘のほぼ中央に築かれ、構築面は当時の地表面から高さ二・一メートル積み土した下段墳丘上面にあった。

構築面の上に長さ八・〇メートル、幅三・八メートル（推定）の範囲に厚さ六〇センチに蒲鉾形に盛り土をし、周囲には厚さ五〇センチの砂礫による側壁基礎地業をおこない、側壁根石（石室基礎部分に構設された石材）を並べ据えて玄室側壁を構築していた。羨道部の側壁根石は、玄室部床面から五〇センチ高い位置に据えられていた。

石室の全長は、一二・六三メートル。玄室床面プランは羽子板形で、玄室の天井高は、屍床部で二・三メートル。玄室幅は入口部で三・二メートル、奥壁部で三・八メートル。玄室主軸の長さは八・一七メートルもあり、その主軸方向は冬至の日没方向にほぼ一致している（図13）。現在わかっている群馬県の横穴式石室のなかでは最大規模の玄室である。注目したいのは、こ

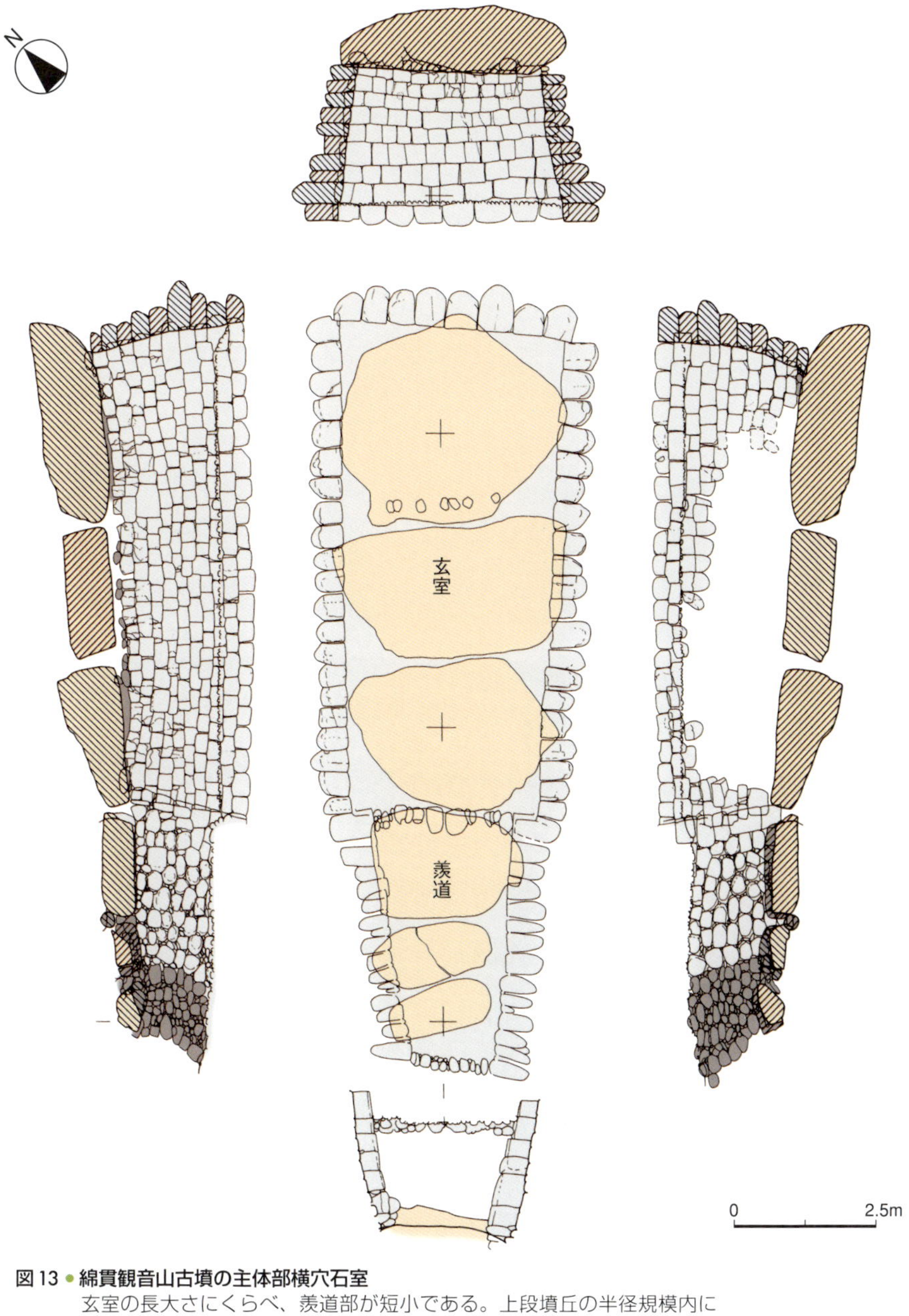

図 13 ● 綿貫観音山古墳の主体部横穴石室
玄室の長大さにくらべ、羨道部が短小である。上段墳丘の半径規模内に王墓級の玄室を採用するために羨道が短小化したのであろう。

図14 ● 調査当時の石室玄室（上）と玄室屍床部床面（下）
上：中央の横の石列は屍床前面の閾石（しきみいし）。白色の粒のそろった軽石円礫を敷き詰めている。下：副葬品は側壁際（写真上方）の側溝の窪みに落ち込んでいる。金銅製半球形服飾品のみ屍床中央部の床面に残存。

図 15 ● **復元された石室玄室**
上：羨道部より奥壁を望む。下：屍床部から羨道部を望む。
玄室入口の両側壁材は大形で加工も入念。

の石室の玄室床面プランは、欽明天皇陵に擬せられてもいる奈良県の五条野（見瀬）丸山古墳の玄室と同形の床面プランであることである（**図16**）。

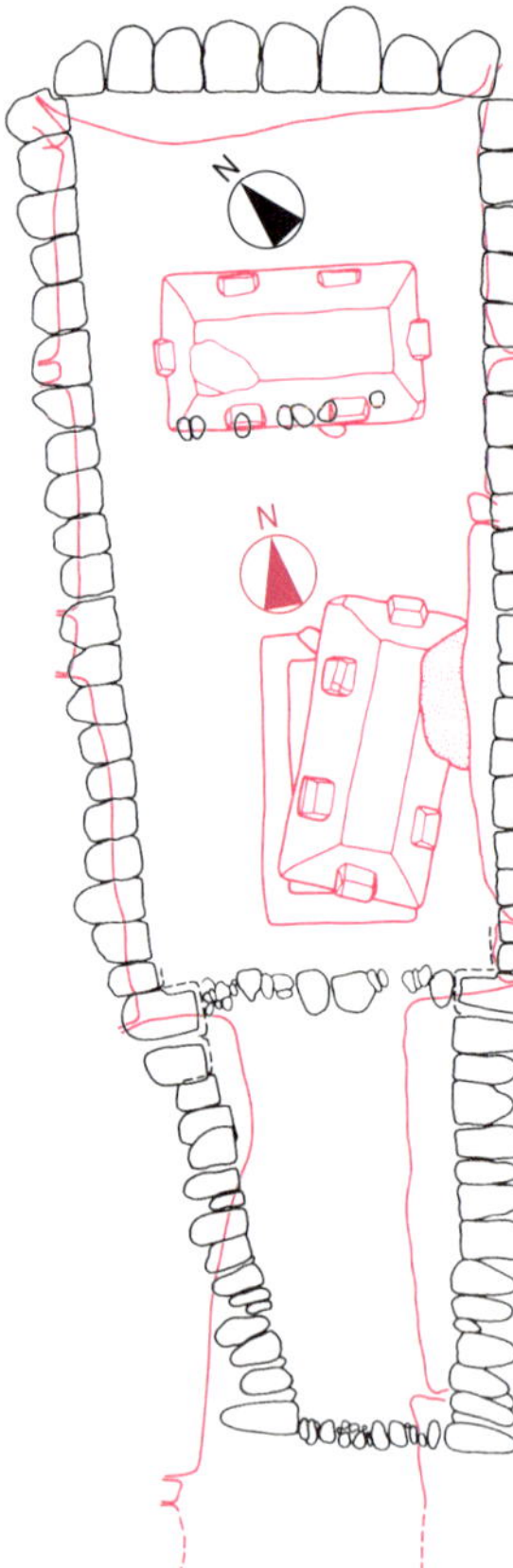

図16 ● **五条野丸山古墳**（赤色描線）**と綿貫観音山古墳の石室**
石棺と屍床、石室は巨石と角閃石安山岩という違いはあるが、玄室床面プランは同形。

石室の石材

石室壁面の構築には、地場特産ともいえる榛名山二ツ岳の噴火（六世紀前半末ころ）で噴出した溶岩塊・紡錘形角閃石安山岩の転石を使用している。その石材の特性に着眼し、独自に創出したブロック型石材加工品である。石材の上下左右が密着するように切削加工し、一段ずつ積み重ねた〝通し目積み〟で、裏込めの砂利を詰め、二段から三段を積み終わると、裏込めをさらに補強し、周囲に墳丘積み土を突き固めるという作業をくり返し、玄室部は奥壁部九段積み、側壁部一〇段積みの壁面を完成させている。

綿貫観音山古墳の石室にみられる角閃石安山岩転石を切削加工して横穴式石室を構築した古墳の分布は、利根川流域の群馬県南部、埼玉県北部の地域を中心に遠くは栃木南部から茨城県西南部まで及んでいる。綿貫観音山古墳がそのはじまりと推定されるが、その石材加工には長大な転石を切断し、その切断した小口を壁面として、壁面裏側に隠れる面のみ未加工で上下左右の五面を切削してブロック型に加工したものを基本形にしている。綿貫観音山古墳を造営した氏族が管掌する広域需要に応える専業石工集団の存在が考えられる。

天井石は1章で述べたように多胡石（牛伏砂岩）が使われ、奥壁、側壁とも天井石と間のパッキング材として扁平な川原石を用いている。角閃石安山岩の転石や多胡石では天井石の荷重には耐えきれないことを見据えての用材使用と推定される。

この入念に構築された玄室に、後から羨道部を構設している。この部分の石材は小ぶりなうえに切削加工も雑で、しかも羨道長四・四六メートルのうち、入口寄りの一・二〇メートルは石質も異なる川原石の転石積みであった。この羨道部が玄室規模にたいして短いというのも特徴的である。

石室に使われた石材をブロック型に加工する作業は、後円部墳丘西側くびれ部でおこなわれていた。この部分には角閃石安山岩の切削屑片が散在し、その部位から石室側部に向かって工事用の斜路が設けられていた。一方、天井石は、石室後方の後円部東側から斜路を設けて搬入したものと推定される。これは石材原産地からの搬入が鏑川・鮎川・烏川、そして井野川の河流を利用してのものであったことをうかがわせる。

天蓋様の幔幕で内装された屍床部

奥壁から三・〇メートルのところに玄室を前後に区分する川原石を並べた閾《しきみ》石が設けられ、

奥壁寄りは川原石（円礫）敷きの床面に、さらに白色の粒の揃った浮石質角閃石安山岩の拳大の円礫を上敷きにした屍床（座）である。棺材の存在は認められず、屍床中央部に残存した屍衣の状態から推して、遺骸は屍床中央部に設置された台座に敷いた敷物上に頭部を東に向けて安置されたのではないかと思われる。

左（西）側壁に三カ所、奥壁天井直下三カ所、右（東）側壁は崩壊して腐朽したらしく、想定復元すれば計九個の吊手金具が存在していたものと推測される。吊手金具には、蚊屋様の天幕を吊ったことを示す平織布製の縄痕が付着、残存していた。屍床部は天井・壁面を幔幕で内装し、被葬者の死後の生活空間を厳かに設けていたと推定される。吊手金具の類例は、高崎市の八幡観音塚古墳《やわたかんのんづか》でもみつかっている。

綿貫観音山古墳の被葬者は、ヤマト政権の王、王族、あるいは有力氏族の首長たちの墳墓造営にたいする為政者としての姿勢や、その背後にある死後の世界観を同じくした人物だったのであろう。本貫の地、すなわち出生地に大王墳に匹敵する規模の玄室を自身の墳墓として採用した姿勢には、上毛野《かみつけの》氏の雄族としての家柄と、ヤマト政権の中枢にあって活躍した人物であるということの矜恃《きょうじ》をみてとることができるのではないだろうか。（梅澤重昭）

図17 ● 玄室左壁上部に残る吊手金具
左右側壁と奥壁に、3カ所同じ高さに装着されていた吊手金具。環状の大きさから篠竹の横木（バー）を固定、蚊屋様の幔幕を張ったと考えられる。

第３章　埴輪は語る

観音山古墳での埴輪類の配置は、大きく次の二つの部位に限られる（図18）。
①後円部墳頂部、前方部墳頂部、くびれ部鞍部のいわゆる墳丘頂部とその間を結ぶ鞍部。
②下段墳丘上縁の平坦面、言い換えれば上段墳丘の裾まわりの平坦面。
周堀の中堤には埴輪類の配列を示す遺構・遺物はみつかっていない。墳丘に配置された埴輪は、場所ごとに目的・性格を異にしていることは明らかであった。

1　この世の家と他界の家

後円部墳頂の家形埴輪群

後円部墳頂部の埴輪類の原位置は、確認できないまでに攪乱されていた。円筒埴輪類をはじめ多くは破片となって墳丘斜面に転落していたが、墳頂部の所々に家形埴輪・盾形埴輪・大刀

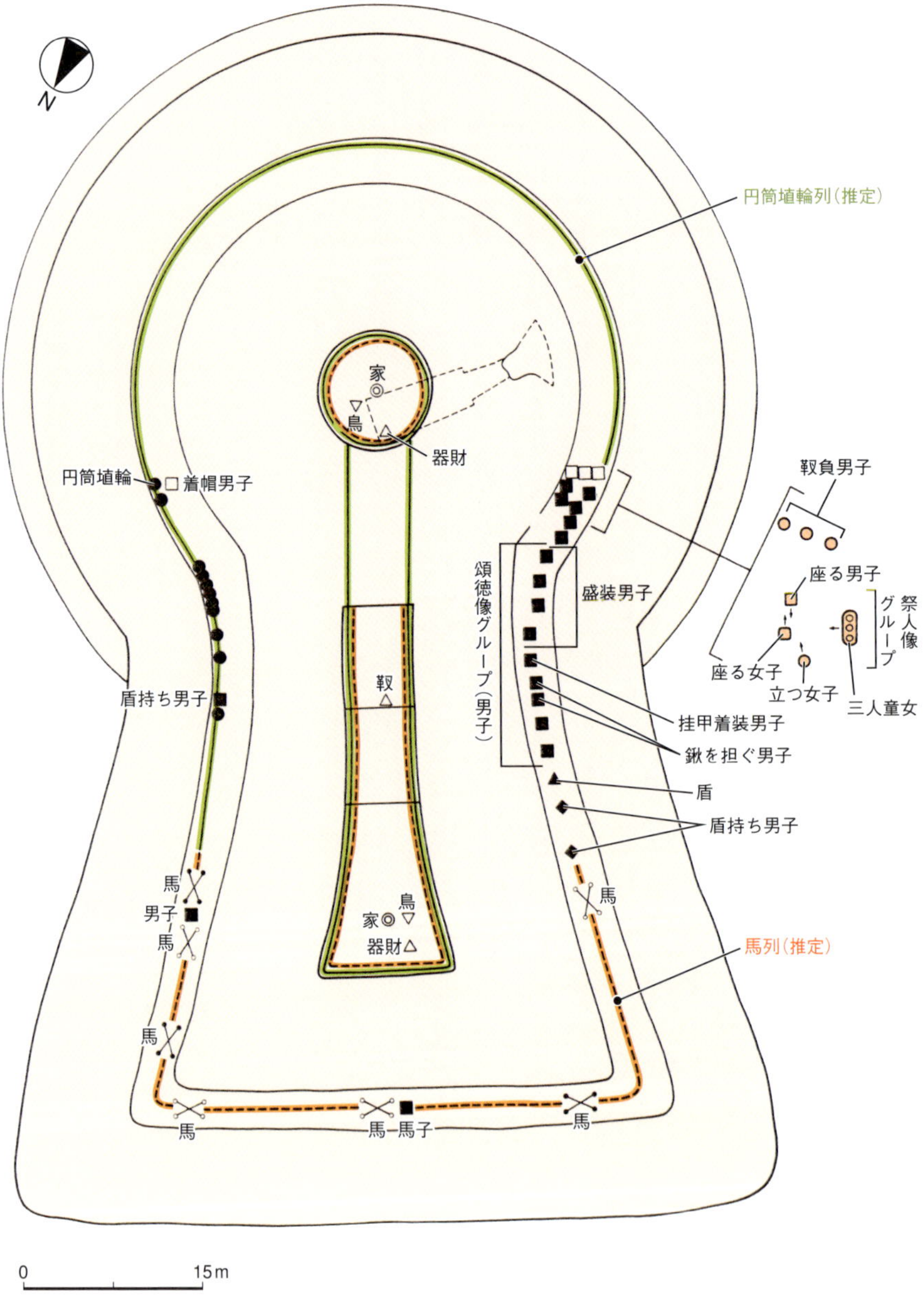

図18 ● 埴輪配置図

埴輪の配列は上段墳丘の裾まわりと墳頂部に限られるが、墳頂部は家形埴輪群、裾まわりには人物群と飾馬群というように配置部位が分かれる。

形埴輪の破片が散在し、鶏形埴輪の頭部破片も一点確認された。

後円部墳頂部は径一〇メートル前後の広さで、その周縁部に円筒埴輪列と大刀《たち》・盾《たて》・靫《ゆき》などの武器類をかたどった埴輪を配列し、その郭内に鶏形埴輪をともなう家形埴輪群を配置したものと推定される。

この後円部墳頂部の家形埴輪群は、伊勢崎市の赤堀茶臼山《あかぼりちゃうすやま》古墳の家形埴輪群の例にみられるように、首長の居館をかたどって配置したものと考えられる。綿貫観音山古墳の場合、破片の特徴からみて六〜七棟からなる群構成で、正殿建物をかたどったと考えられる大形の家は、復元することはできなかったが、円柱・高床構造の寄棟造りである。装飾は控えめであったと推定される。

後円部の家形埴輪群は、綿貫観音山古墳の首長の居館を写実的に表現していたと考えられる。首長の生前の威勢を象徴するこれらの家形埴輪群は、首長の遺骸が埋葬された墳丘に設けられた亡き首長のこの世の館、すなわち墓前でおこなわれていたであろう鎮魂祭祀に山上他界より迎える首長霊のとどまる宮処《みやどころ》を表現したものではないだろうか。

図19 ● **前方部の盾形埴輪**（残高98.3 cm）
盾形埴輪は墳頂部、上段墳丘裾部まわりに円筒埴輪列とともに配列されていたと想定される。円筒埴輪類に見合う大きさのものが多い。

前方部墳頂の家形埴輪群

前方部墳頂部の家形埴輪群は少なくとも三棟からなる構成で、墳頂平坦部に円筒埴輪列、靫形、盾形の埴輪を方形にめぐらせた郭内に配置されていたと推定される。残存状況は悪く、それらの全容は明らかではないが、円柱高床構造の家の破片もある。

三棟のうち復元できた一棟は、母屋と上屋根・棟木とが別造りの全高一六六・五センチという大形の平屋入母屋造りの家である（図20）。その形状は母屋が丈高な台形で、屋根部が小さいのにたいして上屋根・棟木《むなぎ》（ぐし）部を誇大に表現している。棟木の飾りは鰹木《かつおぎ》ではなく、棟木を両側から押さえるようにあてがった短冊形の鰭《ひれ》様の飾板である。この家は、突帯で造形した母屋の四柱・軒先・下り棟木、上屋根破風《はふ》には複線波状文帯を、また上屋根表面には唐草文の変形文とも見える連続複線渦文を線描し、赤色塗彩している。

図20 ● 前方部墳頂部の家形埴輪（高さ166.5 cm）
母屋と屋根の棟部が別造りの大型品。死後世界の宮殿を想像したものなのであろう。

鰭様の飾板をもつ棟木を誇大に表現し、辟邪《へきじゃ》の意思をあらわす複線波状文帯と連続渦文で飾られた非実在的なまでにデフォルメされたこの家形埴輪は、前方部墳丘を首長霊の帰る山上他界の聖域とする宗教観にもとづいたものであろう。死後の世界に存在するであろうと信じる絢爛豪華な宮殿を想念し、配置された家形埴輪群の主屋ではなかったかと推定する。

2　鎮魂祭祀と権威の象徴

後円部と前方部の墳頂部に置かれた家形埴輪群に対応するように、中段平坦面の埴輪類配列は、前方部くびれ部寄りの部位を境に、後円部まわりと前方部まわりとでは様相を異にしている。第1章で述べたように後円部まわりは墳丘西側、すなわち横穴式石室入口前面斜め横からくびれ部寄り前方部側にかけて約二五メートルにわたり人物群が配置されていた。それらは葬送儀礼の場を再現した〝祭人像グループ〟と、綿貫観音山古墳の首長の権能を象徴する〝頌徳像グループ〟とから構成されるとした。

図21● 頌徳像グループの人物像の出土状態
手前の破片の塊は、盛装男子像を中心とする男子像群の破片。先方は挂甲着装武人像、農装男子像の破片。いずれも墳丘を背にして並ぶ。

守護人像グループ

この二群の埴輪人物群を除けば、後円部まわりでは主体部横穴式石室後方の墳丘東側くびれ部を中心に、後円部寄りには着帽男子立像上半身部・双脚男子像の裳裾片と靴部破片・農装男子像破片が、前方部寄りには盾・盾持ち男子像等の破片が残存していた。墳丘西側の人物群ほどの密度ではないが、後円部まわりは円筒列の内側に、ある間隔をとって警護の意思をあらわす男子立像（衛士像、**図22左**）と盾持ち男子像（**図22右**）が配列されていたと思われる。

祭人像グループ

後円部墳頂の家形埴輪群が観音山古墳の首長の生前の居館をかたどったものだとすれば、その直下に設けられた横穴式石室の墓前に配置された〝祭人像グループ〟（**図23～26**）の男女像は、次代の首長と妃でおこなう先代首長霊の鎮魂祭祀の実況を表現したものとすべきであろう。**図**

図22 ● 守護人像グループ：着帽男子像（左、残高42.8 cm）**と盾持ち男子像**（右、残高92.1 cm）
東側くびれ部の人物像。右の盾持ち男子像は聖域を守る番卒か。左は盾持ち人を率いる衛士長か。

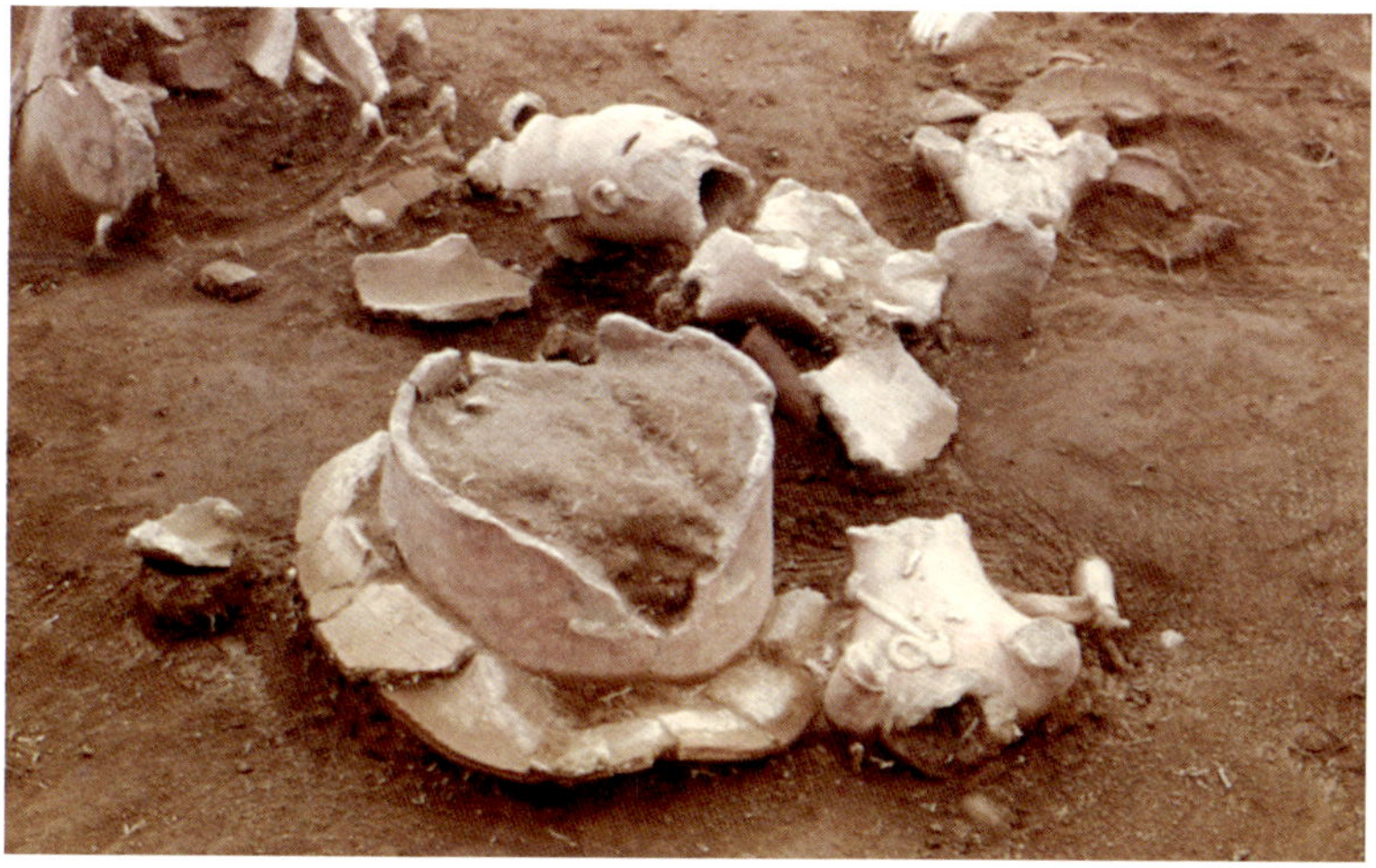

図23 ● 祭人像グループの配置構成（上）と祭具を捧げ持つ女子像と三人童女像の出土状況（下）
上：向き合う盛装男女座像を主役に、その間をとりもつように台座に座る小ぶりの3体の女子像は祭の囃子をになう稚児像と推定される。盛装女子座像の後方は3像からなる御食（みけ）持ち女子像の1体。盛装男子像の後方には、3像からなる靫負武人像が配置されていた。下：台部は盛装女子像のもの。周囲に頭部、三人童女の体軀破片が散乱している。

図24 ● 祭人像グループ：胡座し合掌する男子像（右、高さ71.6 cm）**と正座し祭具を捧げ持つ女子像**（左、高さ101.4 cm）
葬送祭祀をとりおこなう後継首長夫妻の姿を表現したものであろうか。男子像は合掌し、女子像は祭具を捧げ持つ。

図25 • 祭人像グループ：正座し弦を弾く三人童女像（中央の復元高 101.4 cm）
胸を掻き抱くようなしぐさは、一弦口琴を奏しているポーズであろう。3体とも背中には左右に鏡様円盤を負っている。日神・月神をあらわした祭具であろう。

23に示す構成だったと考える。男子座像の背後には、靫負《ゆげい》男子像三体が従う。

女子座像の背後には三体の女子像が従う構成である。復元された男女像はいずれも具象的で入念な造りである。観音山古墳埴輪人物像にはこの〝祭人像グループ〟以外に女子像は見あたらない。女子像の配置は、この〝祭人像グループ〟に特化されている。

図26 ● 祭人像グループ：皮袋を捧げ持つ女子立像（高さ101.2 cm）
両手で捧げ持つのは、死者に手向ける仙薬を入れた皮袋か。

図27 ● 頌徳像グループ：挂甲で身をかためる武装男子立像（復元高136.5 cm）
冑には二叉剣先を飾る。亡き首長の在りし日の雄姿を表現したものか。

頌徳像グループ

これにたいして後円部上段墳丘を背にして並ぶ〝頌徳像グループ〟（図27・28）は、破片から盛装双脚男子立像四個体、挂甲着装双脚男子立像一個体、鍬を担ぐ農装男子立像四個体の九個体の男子立像の配列が確認されている。これら男子像の豪華な衣装表現はきわめて具象的で、〝祭人像グループ〟と同様にいずれも造りは入念である。治政・軍事・生産活動にわたり権能を有する首長の絶大な権威を象徴していること

図28 ● **頌徳像グループ：盛装男子立像**（左、高さ155.5 cm）**と農装男子立像**（右、残高34.5 cm）
左：綿貫観音山古墳の人物像では最大の造り。豪華な服飾、わけても鈴飾の太帯着用が目につく。亡き首長像であろう。右：全身は欠落して明らかでないが、肩に鍬を背負う。農装をした首長か近習をあらわしたものであろう。

から、〝祭人像グループ〟とは別の意図をもって配列された人物群とすべきで、観音山古墳の首長が支配した社会にあまねく、しかも後世にわたって首長権能の絶対性を知らしめるべく配置したのではないかと考える。

3　山上他界へいざなう飾馬

くびれ部寄りに配置された盾を〝頌徳像グループ〟群との境界として、前方部上段墳丘の両側には盾持ち男子立像埴輪の配列があり、それにつづく墳頂部真横部付近から墳丘前面を、「コ」の字形に囲むように要所に駒引きの男子（馬子）立像埴輪を配した飾馬埴輪群を配列していた（図29）。

配置位置が確認できた飾馬は、墳丘西側で一個体、墳丘東側で三個体ある。これらはいずれも頭部を北方に向けて配置されていたと推定される。前方部前面の中段平坦面では東西の両隅部と墳丘主軸線上にあたる位置で三個体を確認している。前方部前面から両側に

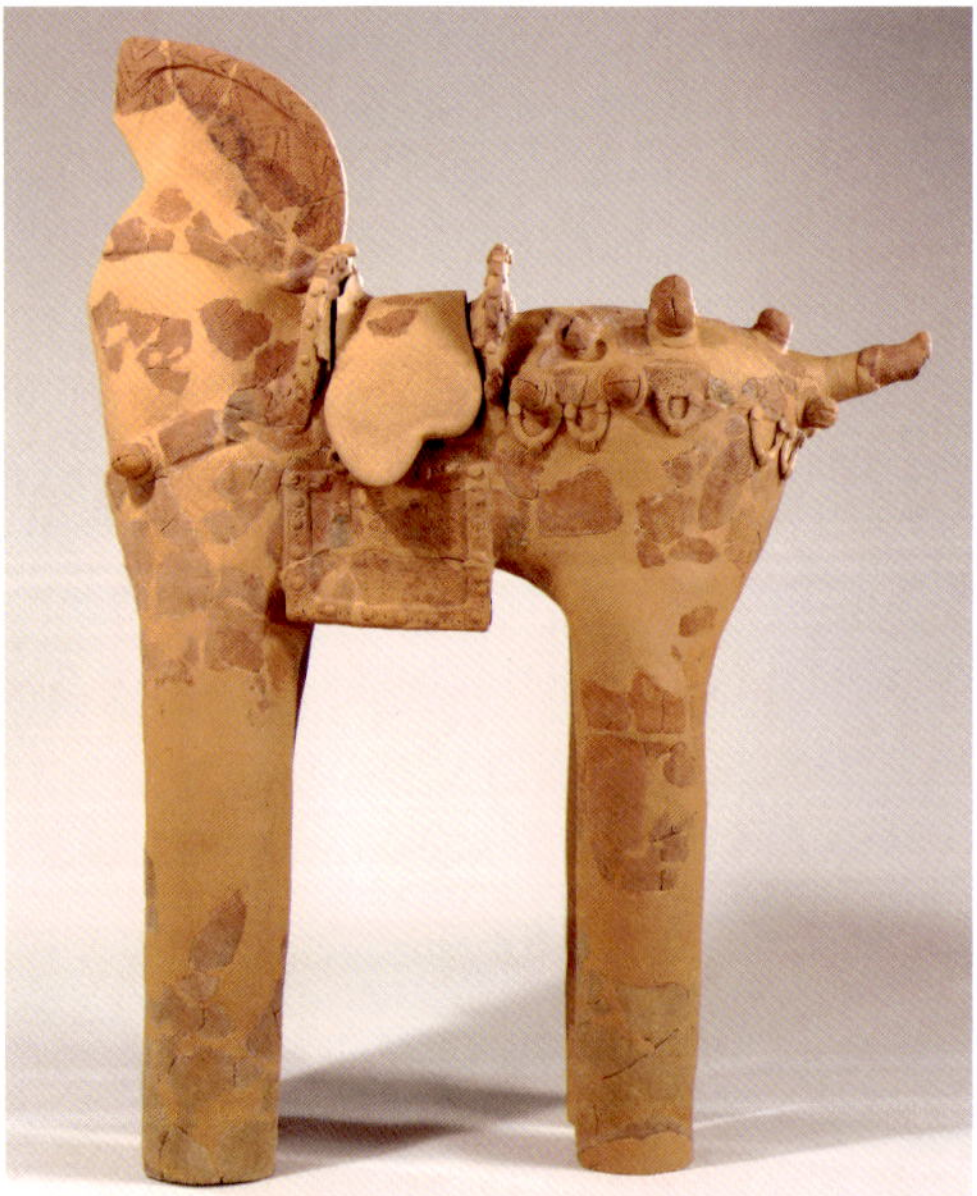

西の隅に置かれた飾馬

かけて、少なくとも七頭以上の馬を配列していたと推定できる。脚部が残存した西側の隅に配置されていた飾馬は頭部を西に向けていたことから、前方部前面の中段平坦面の飾馬は、この飾馬に後続するかたちをとって頭部を西に向けて配置されていたものと思われる。

飾馬は馬子と一体で配置されるのが一般的で、本墳でもその馬子と推定される男子立像埴輪が前方中央部の飾馬と、東側最後尾の飾馬にともなう位置で出土している。

これら飾馬のうち馬体形状を復元できたのは四個体だが、いずれも造りは大形で、西の隅に配置された個体は頭部は欠失しているものの全高一四三・六センチ、東の隅に配置された個体は全高一三二・四センチである。

西側の個体は馬体、たてがみ、馬装具の一部を赤色彩色した山形文・円弧文・螺旋《らせん》様文を複線刻み文で飾り、胸繋《むながい》・尻繋《しりがい》の帯は鈴飾

前方部正面に置かれた馬子像

東の隅に置かれた飾馬

図29 ● 飾馬と馬子像

飾馬の馬装は馬鐸飾り、鈴飾りなど多様である。副葬馬具類の多様さに共通する。馬子は引き綱を持つポーズ（高さ99.0 ㎝）

帯である。東側の個体は、馬体、たてがみを複線刻み文の輪状文で飾り、胸繋に馬鐸《ばたく》を垂下し、尻繋の雲珠《うず》は鈴飾座付きである。いずれも前方部墳頂の家形埴輪群に通じる非実在的な過飾的装飾意匠で、前方部墳丘を山上他界の聖域と見立て、配置したのであろう。

綿貫観音山古墳の前方部墳丘中段平坦面に配置された飾馬埴輪群の情景は、まさに茨城県の三昧塚《さんまいづか》古墳出土の金銅製馬形飾付冠（図30）の意匠表現に通じる。すなわち、山上に群がる馬群の図様表現のモチーフに通じるものである。

にぎにぎしく飾った飾馬埴輪の配列は、首長（の霊魂）を山上他界にいざなう聖なる力を秘めた馬をかたどったもの。前方部墳丘を首長の霊魂の永住する聖なる世界とあまねく知らしめるために配置されたものと推定したい。

図30● 茨城県・三昧塚古墳の金銅製馬形飾付冠
二山冠は山上他界をかたどる。山上他界に群がる馬をあらわし、首長霊をいざなう。

4 埴輪はどこでつくられたか

円筒埴輪の特徴

このような観音山古墳の埴輪類は、どこでつくられ、供給されたものだろうか。

家屋・人物・馬匹・鶏・大刀・盾・靫・各種器財をかたどった形象埴輪群のほか、その個体

POST CARD

恐れいりますが
切手をお貼り
ください

113-0033

東京都文京区本郷
2-5-12
新泉社

読者カード係 行

ふりがな		年齢	歳
お名前		性別	女・男
		職業	
ご住所	〒 都道府県 区市郡		
お電話番号	− −		

◉アンケートにご協力ください

・ご購入書籍名

・本書を何でお知りになりましたか

□書　店　　□知人からの紹介　　□その他（　　　　　　）

□広告・書評（新聞・雑誌名：　　　　　　）

・本書のご購入先　　□書　店　　□インターネット　　□その他

（書店名等：　　　　　　）

・本書の感想をお聞かせください

＊ご協力ありがとうございました。このカードの情報は出版企画の参考資料、また小社からの新刊案内等の目的以外には一切使用いたしません。

◉ご注文書（小社より直送する場合は送料１回 290 円がかかります）

書　名	冊　数

数では形象埴輪群をはるかに上まわる数量の円筒埴輪類が存在する（図31）。

観音山古墳に樹て並べられた円筒埴輪類の多くは、普通の円筒埴輪だが、完存した一〇個体からその特徴をみると、ずん胴形で高さは六一・九～八一・九センチ、口径は二六・八～三五・〇センチと大型である。口縁部が外反するものと筒状に立ちあがる形状のものがあり、かなりの割合で口縁部外側を帯状に厚く仕上げたもの（貼付外反口縁）もある。胴部にめぐらせた箍《たが》（突帯）は四～六条をほぼ等間隔でめぐらせているが、五条突帯のものがもっとも多い。表面の整形のほとんどはタテハケメ痕だが、二次的に施したヨコハケメ痕やナナメハケメ痕のものもある。透窓は円形である。

綿貫観音山古墳の埴輪の生産地

こうした埴輪類の製作には多くの工人がかかわったことは明らかだが、その焼成は窖窯《あながま》でおこなわれ

図31 • 円筒埴輪（左から2番目の高さ63.6 cm）
復元された円筒埴輪類5点。つくりは大形で、円筒埴輪、朝顔形埴輪とも胴部はずん胴形。箍（たが）は4～6本で、特注品ならではの仕様の企画性がうかがえる。

ている。大量の製品を一度に焼き上げる技術をもった工人集団の製作品であることは間違いない。綿貫観音山古墳の埴輪類の粘土は、緑泥片岩の砂粒を混入したものが顕著に認められ、海《かい》綿骨針《めんこっしん》化石（海綿類の繊維状の骨格の一部が骨化し、針状に尖る微小な結晶）を肉眼で視認できるものもある。

　こうした緑泥片岩は、関東山地北縁にはじまる三波川《さんばがわ》変成帯に求められる結晶片岩で、神流《かんな》川《がわ》水系や鏑川《かぶらがわ》水系の河川の河床に堆積する転石・砂礫層に多くみられる。また、海綿骨針化石を混入する粘土は、胎土分析の結果、藤岡から富岡にかけての鏑川・鮎川流域地域の富岡層群を形成する地層に挟在する海成粘土に同定されている。このことから綿貫観音山古墳の埴輪は、その水系域で生産されたものであることは間違いないだろう。

　藤岡市域には、古墳時代後期に神流川水系域の地に本郷《ほんごう》埴輪窯址群が、また、鏑川に鮎川が合流する地には猿田《さるた》埴輪窯址群の二つの専業的埴輪生産地が形成され、埴輪製作専業集団のコロニーが成立していた（図52参照）。埴輪類胎土の土質からみて、藤岡地域から供給されたと思われる埴輪個体が前橋市の大室《おおむろ》古墳群や金冠塚《きんかんづか》古墳からも出土しているので、この二つの窯址群の生産品は、一首長の支配する地域内の埴輪需要にとどまることなく、広域的な需要に応える体制のもとに生産されたものと推定される。綿貫観音山古墳の埴輪もそうした需要供給の流通システムのもとで、おそらくは猿田埴輪窯址群を営んだ専業集団の工人たちによって製作された特注品だったと断定してよいだろう。

（梅澤重昭）

第４章　豪華な副葬品

1　副葬品の出土状態

玄室の奥壁に向かって右（東）側と左（西）側、とくに被葬者の頭部や脚部にあたる壁際から は、多くの見事な副葬品が出土した。頭部のほうの右壁際には華麗な刀剣類や獣帯鏡、装身具類、銅製水瓶と土器類が、脚部のほうの左壁際には大量の武具や馬具類が、埋葬された当時のままの位置に残存していた（図32）。それぞれの副葬品がどのような状態で置かれていたのかをみていこう。

屍床中央部

玄室の奥を占める白色の円礫を敷いた屍床中央部にはペースト状になった有機質物にはさまれるような状態で、金銅製半球形服飾品七五個が〇・三×〇・四メートルの範囲に出土した（図

【右側壁際】

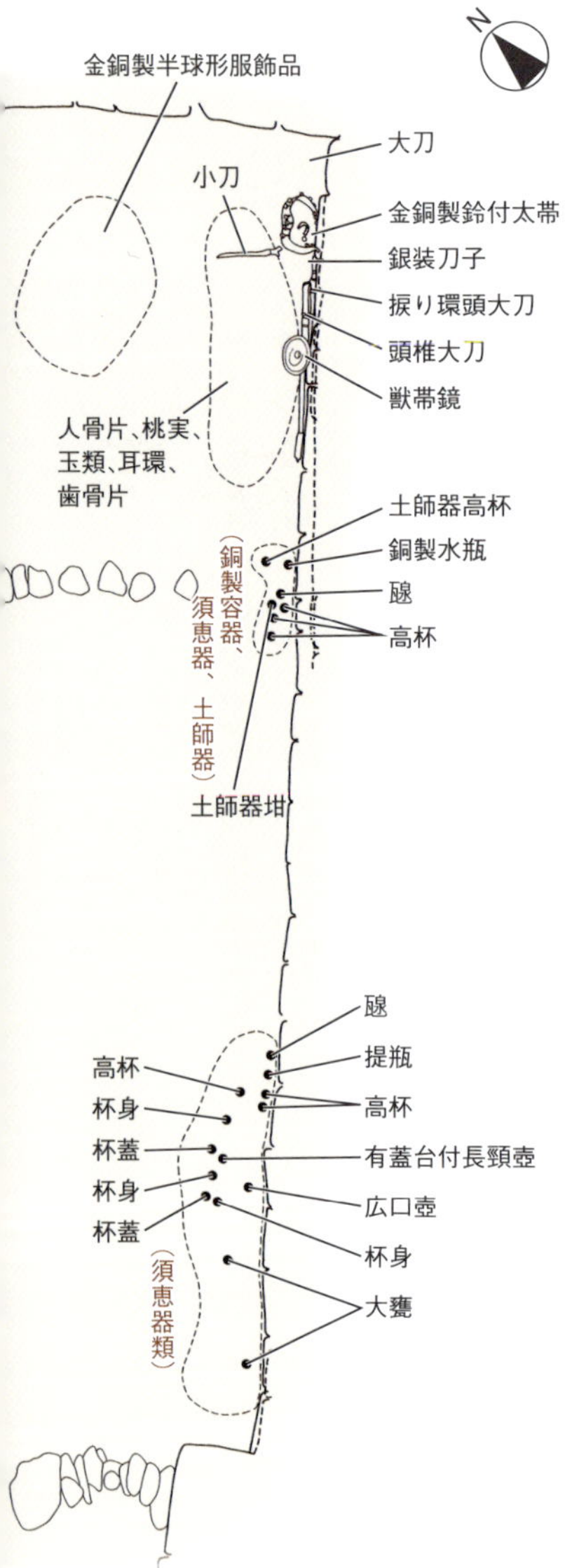

金銅製鈴付太帯

壁に立てかけられた大刀

半肉彫獣帯鏡と大刀

銅製水瓶と須恵器𤭯・高杯、土師器高杯

須恵器大甕

【左側壁際】

左側壁隅の遺物出土状態

銅製環鈴と轡

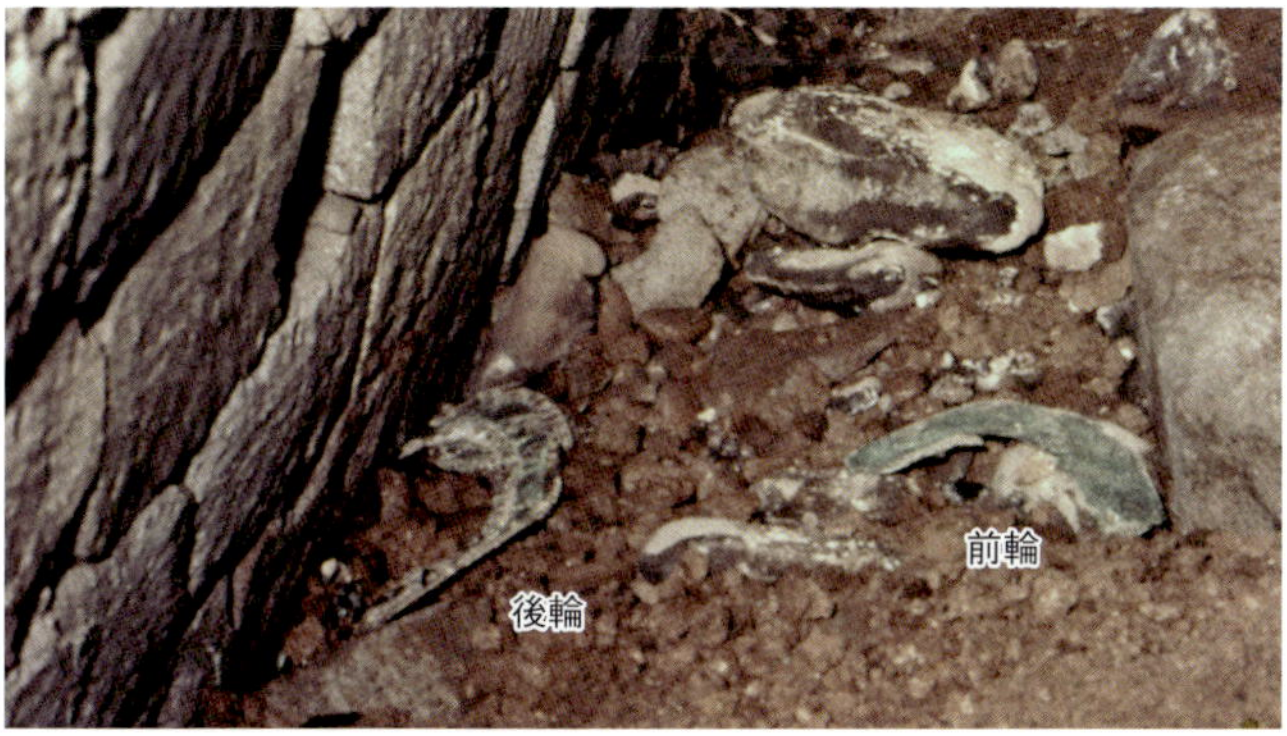

金銅製鞍橋表飾板（前輪・後輪）

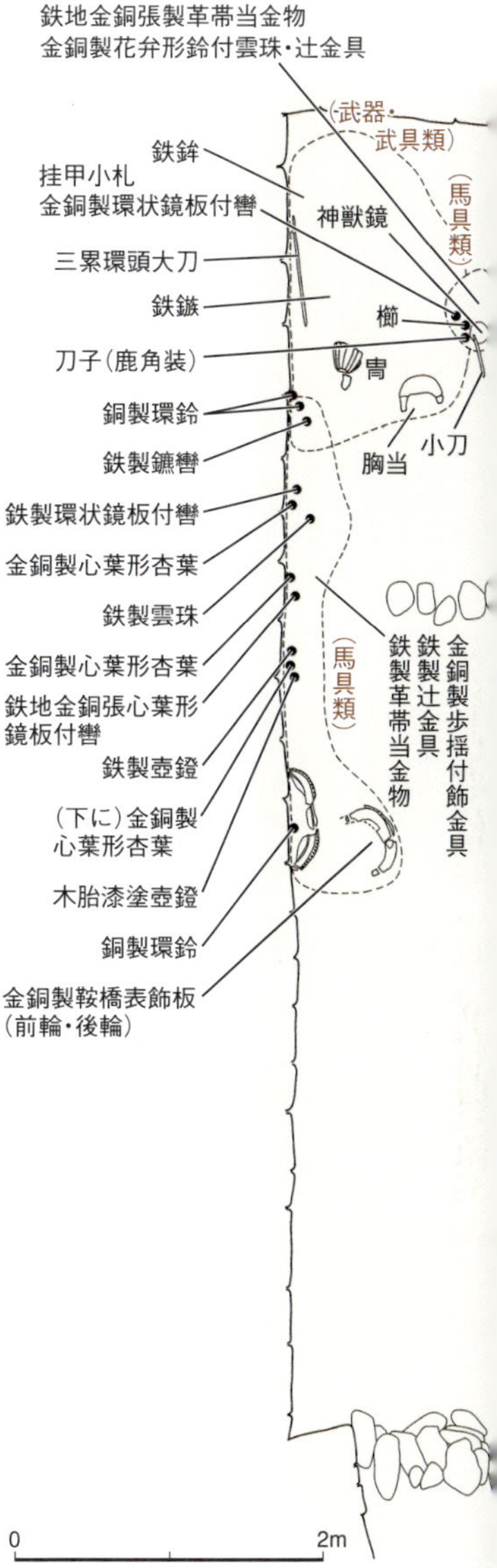

図32 ● 玄室内、副葬品の出土状態
副葬品の配置は大きく玄室中央部、玄室右側壁際、玄室左側壁際、玄室入口右側壁際に分けられる。

33）。これは、出土状態から遺骸に添えられた屍衣を飾るスパンコールと推定した。付近に散在したものを含めると一一五個が出土した。また、歯牙の一部が骨粉とともに残存していたが、遺骸のほとんどは朽腐してしまい、一部が骨片となって右壁の奥壁寄りにも散っていた。微細な骨片で、被葬者は性別不詳ではあるが壮年期後半か、熟年期の人物であるということがわかっている。

右側壁際の副葬品

副葬品は右壁際に儀装大刀類・刀子類、奥壁隅に立てかけた大刀と、その

図33 ● 屍床中央部の金銅製半球形服飾品（右）とその出土状態（左）
右：除錆後の金銅製半球形服飾品の一部。鍔部分に縫い付け穴がある。
左：出土状態。ペースト状の塊になった有機質土内に挟在した。

図34 ● 金銅製鈴付太帯
締め具は鉸子式。中央部位幅9.5 cm、長さ105.1 cmの短冊形の金銅板の上縁から銀製兵庫鎖で鈴20個をほぼ等間隔に吊る。

図35 • **耳環**（左）、**銀地鍍金空玉**（右上）、**ガラス小玉**（右下）
耳環は銅芯金張製10、純銀製2、細身純銀製1。銀地鍍金空玉30、ガラス小玉類54が出土している。写真はその一部である。

図36 • **土器類**（須恵器の䏌・高杯・蓋杯と土師器の長頸坩・高杯）
後方の䏌2・高杯2と土師器坩・高杯は、屍床前面右側壁際に銅製水瓶とともに出土。なかでも土師製坩は陶質に近い黄白色の焼成。水瓶とセットをなす仙薬の容器か。

下に金銅製鈴付太帯（図34）が側壁際に落ち込んだ状態で残存した。銀地《ぎんじ》鍍金《ときん》空玉《うつろだま》・金銅製耳環・ガラス小玉（図35）などが散在し、手前に半肉彫獣帯鏡《はんにくぼりじゅうたいきょう》一面が置かれていた（図41）。

少し離れて屍床前端部に銅製水瓶《すいびょう》（図37）が崩れた側壁にはさまれた状態で出土した。銅製水瓶は、須恵器の𤭯《はそう》・高杯《たかつき》、土師器《はじき》の坩《つぼ》・高杯からなる飲食物供献の器群を構成するなかの一つだが、際立ったその存在は、他界における首長の再生を信じ、不死の仙薬を入れた器という性格をみることはできないだろうか。

玄室の入口右隅から二・五メートルの範囲には大甕・広口壺・有蓋台付長頸壺《ゆうがいだいつきちょうけいつぼ》・提瓶《さげべ》・𤭯・

図37 ● 銅製水瓶
出土時、水にぬれた緑青におおわれた器面は、ガラス製を思わせるものがあった。鶴首の頸部、卵形の胴部、低い高台からなる器の端麗な形状に魅せられる。

高杯・蓋杯《ふたつき》などが側壁際に置かれていた。

左側壁際の副葬品

左側壁際の屍床前面の側壁際には三・一〇メートルにわたって、鉄地《てつじ》金銅張《こんどうばり》心葉形《しんようけい》鏡板《かがみいた》付轡《つきくつわ》・金銅製心葉形杏葉《ぎょうよう》・金銅製歩揺《ほよう》付飾金具・鉄製短冊形革帯当金物・金銅製鞍橋表飾板前輪《まえわ》後輪《しずわ》・鉄製壺《つぼ》

図38 ● 屍床左前隅部の副葬品出土状態（上）、**左側壁際の副葬品の出土状態**（下）
上：挂甲のかたわらに散乱した金銅製轡、花弁付雲珠、仿製神獣鏡、鹿角装刀子等。
下：金銅製杏葉と金銅製歩瑤付飾金具はかたまりで残存。

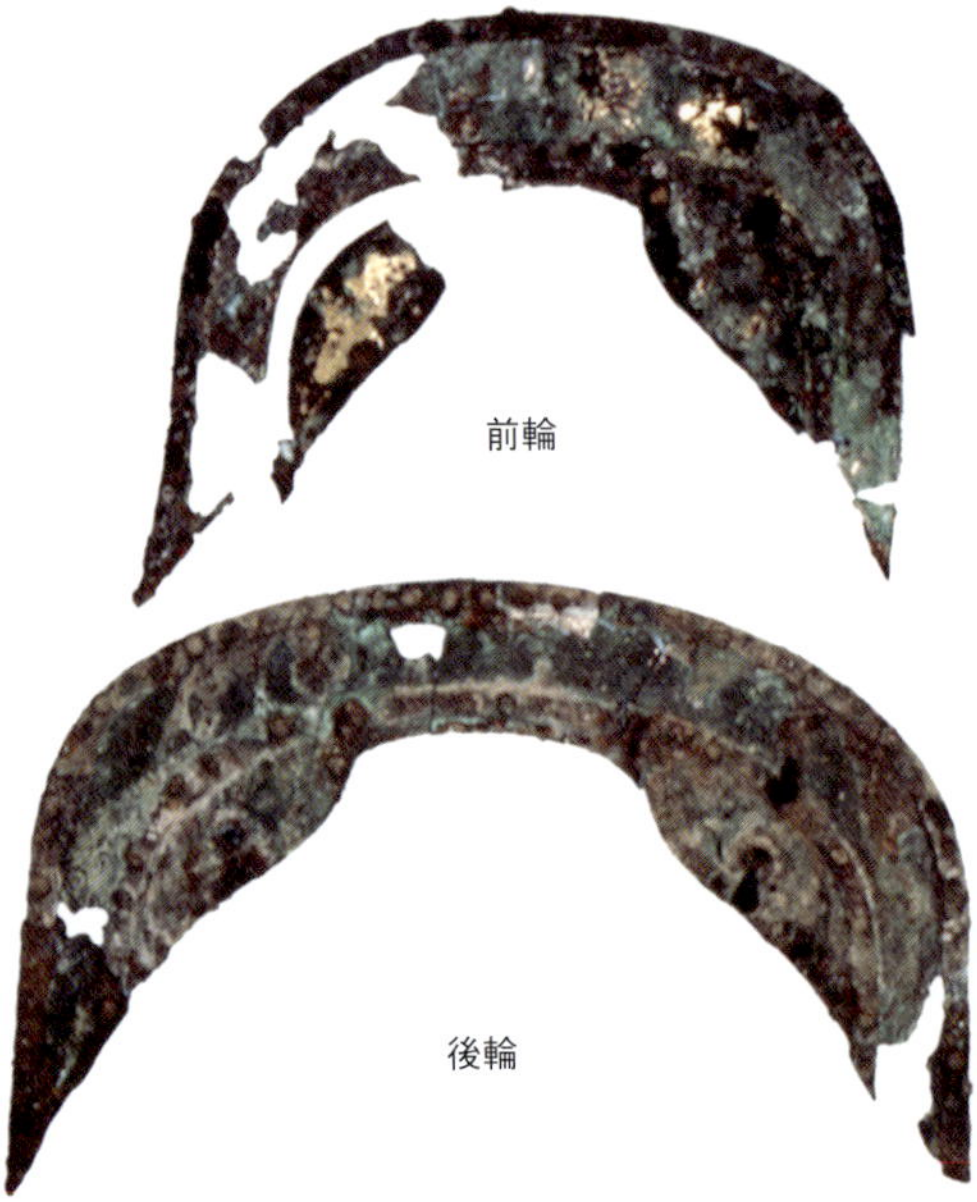

金銅製鞍橋表飾板

金銅製環状鏡板付轡

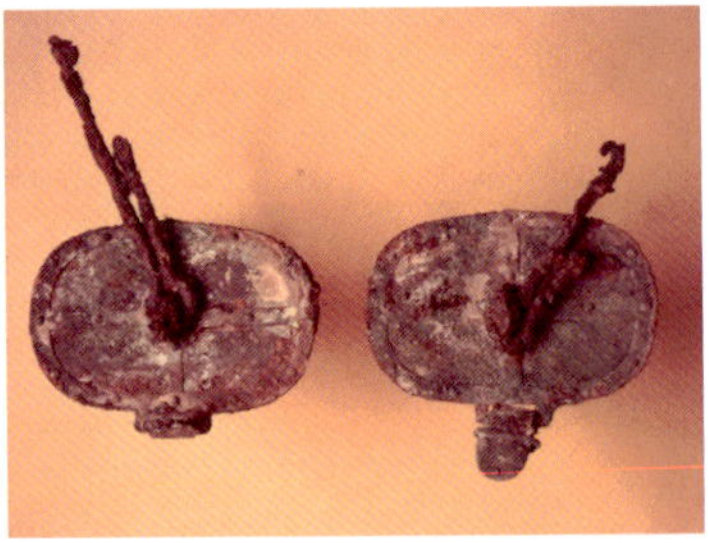
鉄地金銅張心葉形鏡板付轡

鉄製壺鐙

金銅製花弁形鈴付雲珠

銅製環鈴

金銅製心葉形杏葉

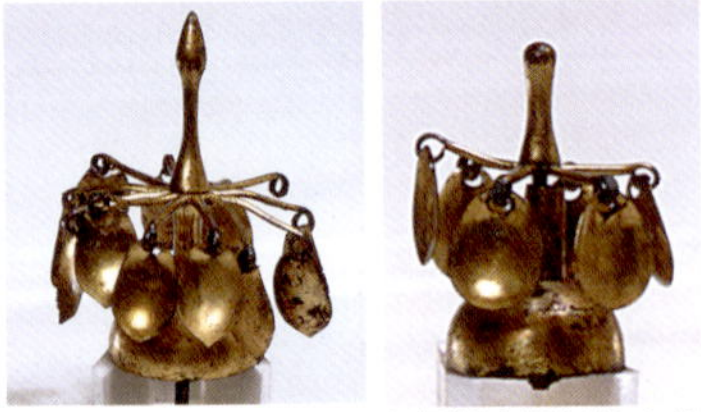
金銅製歩揺付飾金具

図39 ● 左側壁際に副葬された馬具類の一部
馬具類は轡から4頭の馬装品が副葬されたと推定される。鞍は1具残存、鐙は2具残存した。乗馬用馬装2具と、牽引用馬装2具が副葬されたと推定される。

鐙《あぶみ》・木胎《もくたい》漆塗壺鐙・鉄製環状鏡板付轡・鉄製鑣轡《ひょうぐつわ》・銅製環鈴・帯金具・鉄製鎖等の馬具類が出土した。なかでも金銅製歩揺付飾金具は七七点の多数を数えた（図39）。

屍床左側寄りから壁際の範囲に二群の挂甲小札《けいこうこざね》群が堆積し、銅製三累環頭大刀《さんるいかんとうたち》、その上に鉄製異形冑《かぶと》が転落した状態で残在し、その奥壁寄りには並置された配置を示す鉄鏃群、それに混じって鉄鉾《ほこ》・石突《いしづき》が側壁際に存在した。挂甲小札群の内側には埋没した状態で、仿製小形神獣鏡（図40）とハマグリ・桃実・櫛、それに小刀・鹿角装刀子《ろっかくそうとうす》等、馬具類の金銅製環状鏡板付轡と金銅製花弁形鈴付面繋《おもがい》金具・鉄地金銅張製革帯当金物（面繋）が残存していた。

副葬品の配置を大別すると、威信財としての武器・武具類が屍床の両側部に、馬具類は屍床前面の左側部から側壁際に、銅製水瓶をはじめとする須恵器類・土師器類の飲食什器《じゅうき》類は屍床前面の右側部から側壁際に沿うように置かれていたことになる。

これら副葬品の配置状況で注目されたのは、首長権威を象徴する儀装的性格の強い金銀装椎《かぶ》頭《つちの》大刀《たち》・銀装捩《ねじ》り環頭大刀・銀装刀子（図45）・鈴付太帯が、獣帯鏡とともに右壁側に配置されていたことである。

（梅澤重昭）

図40●仿製小形神獣鏡（面径12.28 cm）
主文様は変形した二神と六獣を二分して配す。

2 獣帯鏡と銅製水瓶が語る世界

韓国武寧王陵出土鏡と同型の鏡

前述のとおり、綿貫観音山古墳の横穴式石室内からはきわめて多量の副葬品が出土した。装身具類をはじめ、武器・武具と多量の馬具類の発見は、東国の後期古墳のなかでも質量ともにとくに抜きんでた例として注目しなければならない。

とくに注目されている出土遺物のなかに鏡がある。出土した二面のなかの一例は半肉彫獣帯鏡（図41）で、綿貫観音山古墳調査後三年目の一九七一年に韓国公州市に所在する百済《くだら》の武寧《ぶねい》王陵から偶然に発見された鏡が半肉彫獣帯鏡（図42）であり、綿貫観音山古墳例と同型式らしいということから、私は綿貫観音山鏡の実物大写真と拓本を持参し、韓国国立公州博物館で武寧王陵鏡と対照して検討した結果、武寧王陵出土鏡と同型鏡であることを確認した。

中国六朝代に鋳造した鏡とはいえ、百済王陵から出土した同型鏡が、群馬県井野川沿いの一大前方後円墳に副葬されていたことの歴史的背景は重要な意義があると考えねばならない。

この半肉彫獣帯鏡は石室内の奥壁近くの右壁際で、側溝に落ち込んだ状態で発見された。しかも鏡面（顔が映る面）を下にしており、遺骸の頭部近くに置き添えたものと推測された。

完存している鏡の面径は二三・三五センチで獣帯鏡としては大型の部類に属している。鈕高二・〇七センチで鈕《ちゅう》径三・六七センチ、円座鈕を中心に九個の小乳をめぐらせ、小乳間に変化した鳥文を配し文様間に「宜」「孫」「子」の三文字を配している。主文様は円圏がめぐり、四葉座の小乳七個で分割した間に四霊三瑞を表現した七個の禽獣文《きんじゅうもん》を配している。これらの禽獣文様は半肉彫と呼称されている薄い肉彫り式であり、武寧王陵出土の七像式の獣帯鏡と同型鏡であることが確認された。さらに滋賀県野洲市三上山下古墳から二面の同型鏡の出土が伝えられており（**図43**）、百済と倭国両国に四面の同型半肉彫獣帯鏡が存在していたのである。

鏡の銘文

綿貫観音山古墳の鏡の

図41●綿貫観音山古墳出土の半肉彫獣帯鏡（面径23.35 cm）
出土時、背面にはペースト状になった布帛残滓が付着していた。
付近に捩り環頭大刀、頭椎大刀があり、耳環、空玉の多くが残存した。遺骸の頭部におかれた首長権威象徴の鏡と考えられる。

主文様帯の外側には銘帯が存在し、鋳上がりが悪く、不鮮明ではあるが「尚方作竟真大巧　上有仙人不知老　渇飲玉泉飢食棗□□□□□□□　寿如金石□□□兮」と読める三六文字の銘文が鋳出されている。

鏡の外区である平縁の文様帯は流雲文と唐草文が混じる草葉文帯を形成しているが、すでに指摘したように総じて鋳上がりが悪い。同型鏡ではあるが綿貫観音山鏡は百済武寧王陵鏡より文様の表現が不鮮明であり、「踏

図42 ● 韓国・百済武寧王陵出土の半肉彫獣帯鏡
武寧王陵の獣帯鏡と伝三上山下古墳出土とされる獣帯鏡2面は同一の鏡を原型とする同型鏡である。観音山古墳の獣帯鏡は、伝三上山下出土鏡（図43）からの踏み返し鏡と考えられるので、伝三上山下出土鏡を通じて武寧王陵鏡とは、叔父・甥の関係にあることになる。

み返し」技法とよぶ原鏡から製作した鋳型を用いた作鏡方法によるもので、踏み返し技法の度数によって鏡の文様はしだいに不鮮明となる。綿貫観音山古墳の半肉彫獣帯鏡は武寧王陵出土鏡より鋳上がりの状態が劣り、踏み返しとしては後例の鏡と思われる。この綿貫観音山古墳の半肉彫獣帯鏡が武寧王陵出土鏡と同型鏡という事実はいつ、どこで踏み返し鏡の製作がおこなわれ、どのような系譜をたどって綿貫観音山古墳の被葬者が入手し得たのか速断しがたい点がある。

倭国内で踏み返された鏡

武寧王陵出土鏡も、文様の表現などから原鏡からの踏み返し鏡の公算が濃い。伝三上山下古墳出土の二面の同型鏡の一面が綿貫観音山古墳鏡と同型鏡とみられている。こうした状況から推測すると、武寧王陵を含め四面の半肉彫獣帯鏡をめぐる製作地の推定はむずかしいが、伝三上山下古墳鏡と綿貫観音山古墳鏡の関係を考えると、綿貫親音山古墳鏡は倭国内での踏み返し製作と考える。

図43 ● 滋賀県・伝三上山下古墳出土の半肉彫獣帯鏡
武寧王陵鏡と同一鏡を原鏡とする２面の獣帯鏡。この鏡の一面が綿貫観音山鏡の原型となった。（撮影：山﨑信一）

綿貫観音山古墳からはもう一面鏡が出土している。仿製の二神六獣鏡一面で、屍床の遺骸脚部方向にあたる左壁寄りからハマグリ・櫛・武器・武具・馬具類とともに発見された。面径一二・二八センチで、鏡面には布が付着していた。主文様は二神六獣を配しているが、変形がはなはだしく、変形神獣鏡の部類に属する。鏡は明らかに仿製であり、前述した七像式半肉彫獣帯鏡とは明らかに鏡の扱いが異なっていたといえるのであろう。その出土状況から、鏡が示す副葬品としての価値に軽重の差があった事実を物語っていると思われる。

銅製水瓶

綿貫観音山古墳の副葬品のなかで、とくに注目されている遺物に銅製水瓶がある。この水瓶の出土位置は奥壁から右壁際に玄門方向へ約二・六メートル、土師器の高坏・坩と須恵器の高坏・𤭯とともにまとまって発見された。出土状態から推察すると、この銅製水瓶は土師器の高坏・坩と組み合っていたのではないかと思われる。銅製水瓶は高さ三一・三センチ、擬宝珠形の鈕をあしらった蓋と細長い端麗な頸部と卵形の胴部に短い脚部の高台をもつ一鋳型の銅製品である。蓋の裏側には長さ三センチ弱の舌《ぜつ》が付き、その舌に固定された長さ約二二センチ、幅一〜二センチ、厚さ約二ミリのピンセット型の板状銅製品が垂下し、上下を鉄鋲で固定している（図44）。このピンセット型板状銅製品は水瓶の頸部内側で大きくふくれて蓋が脱落しないように仕組まれており、蓋の開閉には擬宝珠型の鈕をつまみあげればよいように工夫されていた。

銅製水瓶の形態は頸部最小幅が約二・五センチ、卵形の胴部最大幅は約一三センチと均整のとれた全体像を示していて、流麗な形態は「法隆寺献納宝物」にみる水瓶を思わせるものがある。平尾良光氏による「法隆寺献納宝物」中の水瓶の蛍光X線分析による材質は銅と錫を基本としているが、綿貫観音山古墳の水瓶は純銅か銅主体であるという。このような材質の差をいかに読みとるのかは、なお今後の課題となるであろう。

銅製水瓶の出土状態は礫石で高く盛り上げた石室床面と、東側壁面の溝状になった一〇センチの低位置に斜めに直立していたので、最初は擬宝珠状の蓋の鈕しか見えず銅鋺の蓋と考えていた。そのため古墳の年代決定に若干の矛盾を生じ困惑したが、調査の進行につれて水瓶であることが判明し、年代論もあらためて検討することとなった。

水瓶はどこからきたのか

日本の古墳出土例として銅製水瓶は静岡県史による石田古墳出土の先例が存在するだけであり、しかも頸部のみの出土であって完形品は綿貫観音山古

図44●銅製水瓶と蓋に付くピンセット状の板状銅製品
蓋のずれを防ぐだけでなく、仙薬調合の匙の役割をもっていたのであろう。

墳例だけである。五六二年を示す中国北斉時代の山西省太原市庫狄廻洛墓《こてきかいらく》の出土例がよく知られているが、高さ一八・二センチの鍍金水瓶である。ほかに五八一年を示す陝西省王徳衛墓出土例があるが、高さ四・五センチの小品である。中国の研究者は庫狄廻洛墓例の存在から、北斉と百済・倭国との歴史的な関係を考え、綿貫観音山古墳の銅製水瓶は中国製で、百済経由で倭国にもたらされたものと主張している。

綿貫観音山古墳の銅製水瓶の入手経路や契機などについてはなお検討を必要とするが、東国の六世紀代の上毛野《かみつけの》国の首長が所持していた歴史的な背景には、国際的な交流関係が読みとれる点で重要な考古学資料といえるであろう。

古墳出土例としては綿貫観音山古墳例だけであり、畿内地方をはじめ北部九州など国際的な交流関係の窓口となるような地域の古墳からの出土例が一例もない点から考えると、六世紀代の大和政権を経て上毛野の首長が賜受したと考えるよりは、綿貫観音山古墳の首長が百済地域で直接受領したと考えるほうが適切な理解だといえないだろうか。

その場合、武寧王陵出土の半肉彫獣帯鏡に製作優先順位があるとしても、綿貫観音山古墳鏡が同型鏡であるという関係は、百済王朝と綿貫観音山古墳の首長との間の政治的・軍事的な関係の親近性が存在していたと考えうるかもしれない。

銅製水瓶や鏡のほかに、金銅製鈴付太帯をはじめ多量の金銅製歩揺付飾金具を含む馬具類や金銅製半球形服飾品などの存在を思うと、銅製水瓶のみが中国北斉製だという解釈でよいのか、なお検討を要する課題であろう。

（大塚初重）

3　甲冑と馬具が示す武人像

頭部に置かれた飾大刀

綿貫観音山古墳の副葬品のなかで武器・武具類と馬具類の副葬位置がそれぞれきわめて判然としており、副葬品の性格がよく表現されている。玄室内で頭部を東位に、脚部を西位にした遺骸の頭部側に沿って置いた武器類には、奥壁右隅に鋒を床面に接して立て掛けた大刀一口があり（**図32右上**）、金銅製鈴付太帯に銀装刀子一口が付属し、その下方から銀装刀子四口が発見された。これら五口の銀装刀子につづいて、銀装捩り環頭大刀、金銀装頭椎大刀などの飾大刀が互いに重なるほどの近距離に副葬されていた。

さらに、これらの飾大刀類に接して、銅芯金張製耳環や銀地鍍金製空玉、ガラス小玉のほか刀子類が発見され、付近から骨片・歯牙が出土しているので頭部の位置を示していると考えられた。

脚部の武具類

玄室の西側は遺骸の脚部方向にあたるが、西北隅には挂甲小札二領が据え置かれ、胸当のほか籠手《こて》・臑当《すねあて》一双と異形冑なども存在した。

異形冑と称される鉄製冑は高さ二九・三センチ、横幅二〇・二センチ、前後長二二センチで下端の円周は長さ六五・一センチである。冑の鉢部は竪矧板《たてはぎいた》形に裁断した一二枚の鉄板を鋲留し、

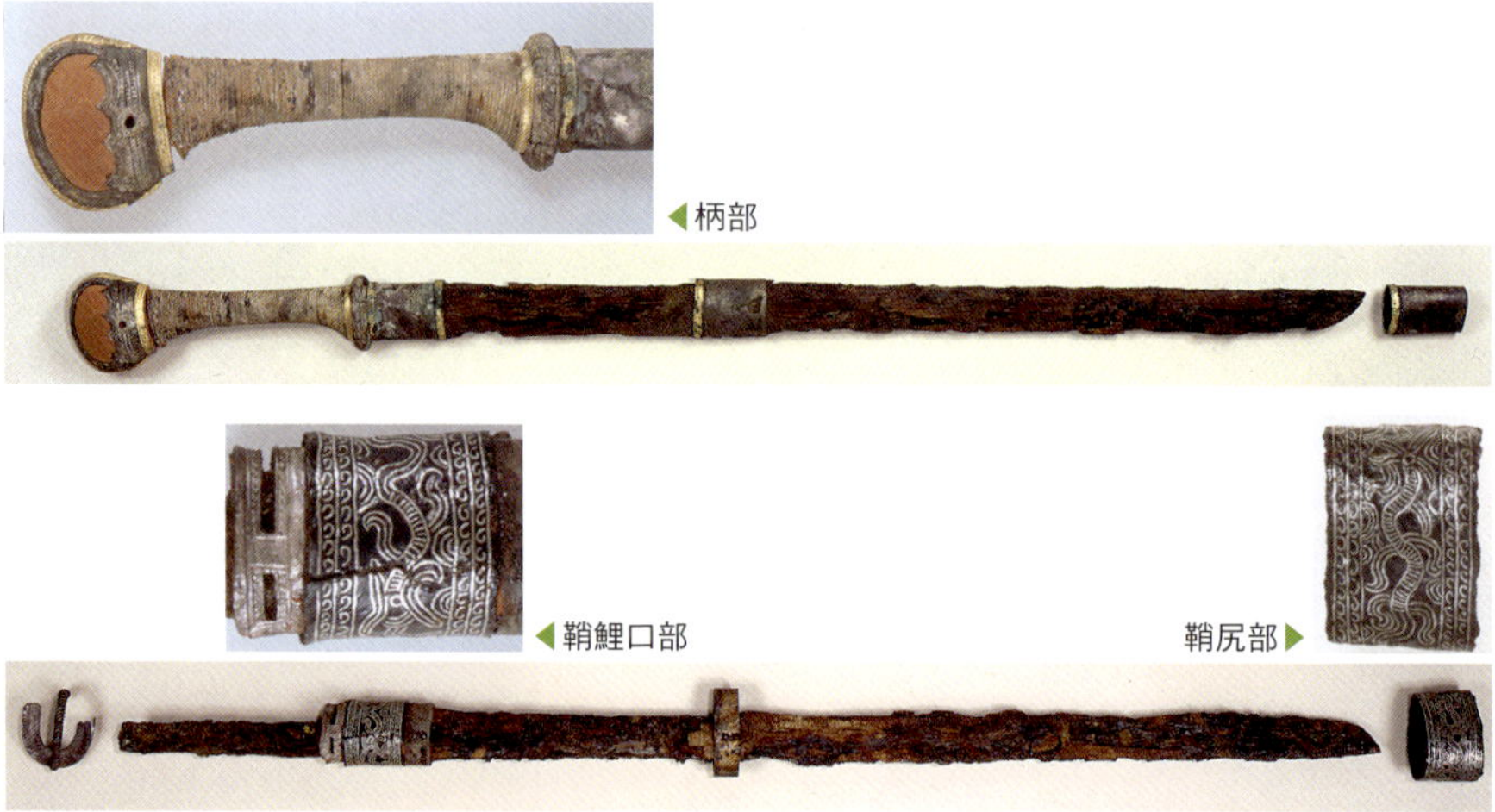

頭椎大刀（上）と振り環頭大刀（下）

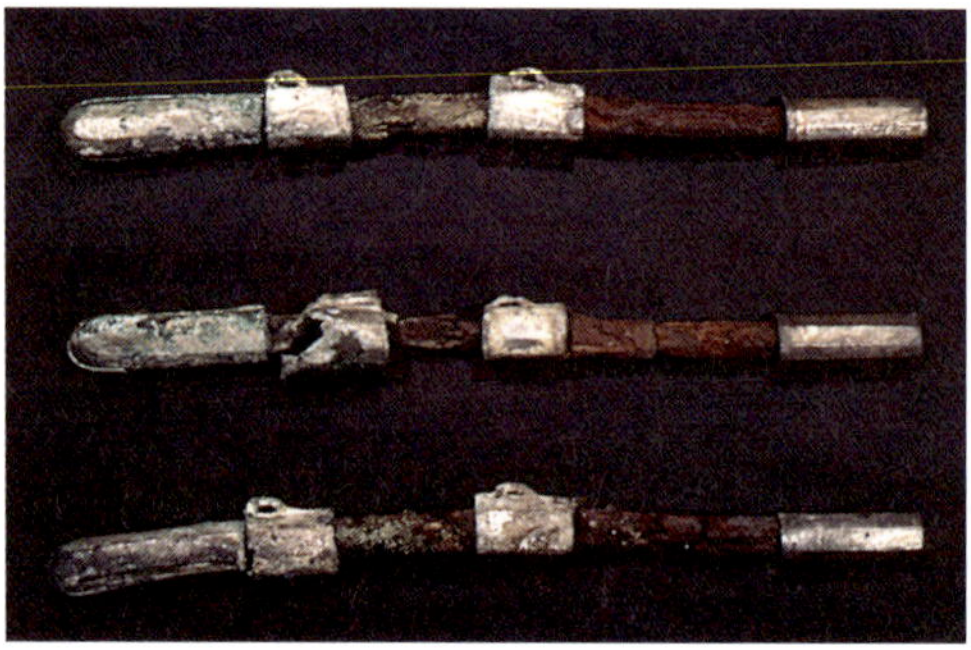
銀装刀子

鹿角装小刀・刀子

三累環頭大刀柄頭

図45 ● 武器・武具類

儀装的性格の強い金銀装・鉄地銀象嵌の大刀類や銀装刀子は屍床右側壁際に、実戦的性格の強い甲冑と三累環頭大刀・小刀・鉾類・大量の弓箭類や日常利器としての鹿角装刀子は馬具類とともに屍床左側に置かれていた。なかでも、鉄製異形冑、銀装刀子類などは、他に出土例のない資料。総じて、当時の最高水準をいく金工芸品の内容である。

鉄製冑

籠手

胸当

臑当

長頸柳葉鉄鏃

前額部三枚の鉄板の下方を半円状くり込んでいる。本例が異形冑と称される理由は、冑の頂部に二枚の鉄板を剣菱形に合わせた高さ一二・五センチの突起を有することにある。古墳時代の鉄製冑には類例がなく、輸入品とみられている。中国の北魏から隋代におよぶ俑の表現からすれば、中国を本源とした冑の可能性が高い。

挂甲とともに約五〇〇本の三形式の鉄鏃がまとまって出土したが、長頸腸抉片刃鏃《ちょうけいわたくりかたは》一九点、有頸腸抉長三角形鏃一点を除けば、ほかはすべて長頸柳葉鏃《やないば》である。弓は両頭金具の存在から数本の副葬が想定されている。

華麗な馬具

多種類の副葬品のなかで、とくに注目されるのは馬具類の多様な内容である。形式の異なる四例の轡の出土例から、四頭分の馬具が副葬されたと考えられる。それらは馬具類一括副葬ではなく、四頭四形式の馬具類がそれぞれ一形式ずつ副葬されていたことが確認されている。すなわち鞍・鞖《しおで》・鐙《あぶみ》の残存数と組み合わせから四形式の馬装具が想定され、牽曳用馬装二組、騎乗用馬装二組が復元できる。

これら形式の異なる馬装の存在は、単に多くの馬を所有していたという意味合いのみでなく、被葬者の来世観や地位と権威の表示という意義を有していたと考えることもできる。

半島への軍事行動にかかわったか

綿貫観音山古墳の副葬品のなかで、二領の挂甲は腐食して崩れ、小札群が二つ、山のように盛り上がって発見され、周辺には鉄鏃が約五〇〇本も散乱していたことから、武器・武具の質と量はきわめて多大なものであったと思われる。実戦用の甲冑や武器類を多量に所持していた綿貫観音山古墳の被葬者が、軍事的な装備をまとい、飾大刀をも所有していた点は、被葬者自身の地位・身分と性格の一端を表明しているものと考えたい。六世紀第3四半期末頃が被葬者の埋葬年代だと推定するならば、被葬者は六世紀中頃から後半代にかけて活躍していた人物であろう。

群馬県における後期古墳時代は、一〇〇メートルを前後する規模の大きな前方後円墳が出現する社会像としてとらえられており、大和政権と上毛野国との政治的な関係がきわめて濃密な状況にあったことの証明ではないかと考えられる。上毛野国の首長たちが大和政権の国内支配とともに、朝鮮半島への軍事的行動の一翼を担ったことは明らかであり、群馬県のみならず東国各地方と大和政権との政治的・経済的な関係は一層濃密になり東国、とくに上毛野国の重要度は大きくなっていったと思われる。

綿貫観音山古墳が示した考古学上の諸特徴と諸条件は、まさに六世紀段階の井野川流域の有力な首長の歴史的な性格を表明しているものとして、東国の後期古墳時代社会を理解するうえでも、きわめて重要な考古学上の資料なのである。

（大塚初重）

4　副葬品にみえる国際色と年代

獣形鏡にみる百済との関係

綿貫観音山古墳の多種多様な出土遺物のなかで、一般的な後期古墳で検出されない遺物の存在が注目されてきた。既述してきたように、まれな出土例である銅製水瓶の存在は「法隆寺献納宝物」との関係が問題となろうが、六世紀代に入手した古墳副葬品である点と、中国北斉の出土水瓶との関係が主張されている背景を考えると国産の水瓶と考える余地はあるとしても、厳正に考古学的な評価を与える必要があろう。

舶載・仿製を問わず鏡の副葬は多くの後期古墳でも認められているところだが、綿貫観音山古墳の半肉彫獣帯鏡は、韓国の武寧王陵から出土した鏡と同型鏡（同笵鏡）と確認されたのである。原鏡は中国六朝代の鏡であり、武寧王陵鏡も綿貫観音山古墳鏡も踏み返し鏡であるという事実、さらに鏡の文様からすれば武寧王陵の獣帯鏡のほうが綿貫観音山古墳例よりは鋳上がりがよく、鏡の授受系譜を考えれば、百済王朝から綿貫観音山古墳首長へと賜授されたと考えるのが一般的であろう。

先に述べたように、この半肉彫獣帯鏡の同型鏡は滋賀県三上山下古墳から二面の出土が伝えられており、武寧王陵例を含めて計四面の同型鏡が存在したことになる。この四面の半肉彫獣帯鏡の踏み返し製作の順序などが将来明確になることが期待されるが、武寧王陵の鏡が鋳上がり状態から優位にあるとすれば、他の三面の同型鏡はやはり百済王朝を介して授受されたものとみるのか、逆に倭国製の四面中の最良の鏡を武寧王に献上したと理解しうるかという問題が派生する。

武寧王の没年は癸卯年（五二三）で六二歳であったから六世紀代の前半期に鏡の献供を考えねばならず、綿貫観音山古墳被葬者から武寧王への献供は年代的にも無理があろう。

いずれにしても半肉彫獣帯鏡が百済王朝の武寧王陵に副葬されており、同型鏡が綿貫観音山古墳に存在することはまぎれもない事実である。武寧王と綿貫観音山古墳の首長の間、あるいは大和政権とどのような政治的な関係が存在していたのか、なお検討を要する問題であるが、現状では踏み返し鏡の鋳上がり論からすれば百済王朝から綿貫観音山古墳の首長に渡された鏡と理解することが妥当だと思われる。

国際的活動を物語る冑と水瓶

半肉彫獣帯鏡のほかに異形冑と称される鉄製の冑は、形状も製作技法も古墳時代の伝統的な衝角付冑《しょうかくつき》や眉庇付冑《まびさしつき》とは異なっており、明らかに系統の違いのある冑と言わざるをえない。つまり在来の甲冑製作技法ではない別の技法が投入されているとみられ、輸入品ではないかとする考え方が生まれている。実戦用の異形冑が甲冑一括として副葬品のなかに存在することは、綿貫観音山古墳の被葬者の所持していた冑と考えることが常識であり、被葬者が朝鮮半島出兵の折に手中にした冑と考えることもできる。五〜六世紀の日本の冑の製作技法には認められない形式だとすれば、輸入品と考えられ、軍事的な装備品のなかにも国際的な関係を示す遺物が存在する点から、綿貫観音山古墳被葬者の朝鮮半島への派兵を含む国際的な活動を物語るものではないかと思われる。

綿貫観音山古墳の副葬品のなかで他に類例をみない銅製水瓶の存在は、やはり注目に値する。中国北斉の出土水瓶との関係から、中国製とみて北斉・百済・倭へという国際的な政治関係のなかで理解すべきだという中国研究者の提言もあり、もしそうだとすれば百済王朝と大和政権間の関係とみるか、百済王朝と綿貫観音山古墳の首長との直接的な関係とみるのか、問題はむずかしい。ただ半肉彫獣帯鏡が同型鏡であった点を思うと武寧王と観音山古墳被葬者との国際的な関係も考慮されなければならないであろう。

大量のしかも多様な副葬品にとり巻かれた綿貫観音山古墳の首長は、鏡や異形冑と銅製水瓶が物語るように、それらの副葬品の系譜や技法の伝統性からみて、五〜六世紀の東アジア、とくに中国六朝代から朝鮮半島三国時代との歴史的な背景をよみがえらせる。

六世紀後半代における綿貫観音山古墳の被葬者の性格に認められるように、上毛野国の首長たちも激動する国際関係の波に翻弄されていたといえるかもしれない。

（大塚初重）

第５章　綿貫観音山古墳と大和政権

１　東国の古墳王国

六世紀には群馬県だけで一〇〇基の前方後円墳

群馬県は東国の「古墳王国」と称されるほど古墳数も多く、有力な内容を示す前方後円（方）墳が多い。そのなかにあって、太田市の太田天神山《おおたてんじんやま》古墳（**図46左**）は墳丘長二一〇メートルで、二重の周堀をめぐらす五世紀中葉代の東国最大の前方後円墳である。しかも、五世紀代の畿内地方の大王陵をはじめとする有力古墳にもっぱら採用された長持形石棺が主体部である。五世紀代の毛野の最有力首長層は、大和政権との間に政治的関係の濃さばかりではなく、大王に血縁的に連なる氏族であったことをも、この古墳はうかがわせる。

この毛野の地域内においても五世紀から六世紀代にわたり、大型前方後円墳を含む有力古墳群の栄枯盛衰の状況が認められ、畿内を中核とする大和政権と毛野の地域間競合の結果が、古墳群の出現や消滅に関係したのであろう。六世紀の大型前方後円墳の数においても関東地方では群馬県が圧倒的な量を誇り、一〇〇基近くも存在している。

藤岡市の七輿山《ななこしやま》古墳（**図46右**）は、六世紀中葉代の大型前方後円墳である。墳丘長一四五メートル、三重に周堀がめぐる点でも全国有数の大型古墳である。七輿山古墳は『日本書紀』に伝える安閑元年紀の上毛野君《かみつけぬのきみ》小熊《おぐま》がかかわった「武蔵国造の乱」の翌年に設置された緑野《みどのの》屯倉《みやけ》の地が藤岡市に比定される点で、この大型前方後円墳の成立の背景が注目される。

東アジアとの活発な交流

六世紀後半代の群馬県の代表的な前方後円墳としては綿貫観音山古墳がある。すでに述べてきたように、副葬品のなかには朝鮮半島や中国大陸との関係が想定される遺物が含まれていて、被葬者の国際的な性格論が注目されている。壁材に角閃石安山岩を用いた横穴式石室の天井石には、最大のものは約二二トンもある牛伏砂岩を六

図46 ● 太田天神山古墳（左）**と七輿山古墳**（右）
ともに、大和政権大王の墳墓の墳丘形態を2分の1規模に縮小した墳丘。しかも東国最大。大和政権の政治姿勢を毛野の古墳は一貫して踏襲しているといえよう。

個も用いており、造墓技術にも先進的な技工が認められ、副葬品の多種多様な組み合わせとともに上毛野の首長の性格のなかに、東アジアの国際的な交流の影が写し出されているようにみえる。

綿貫観音山古墳にみられる考古学上の中国・朝鮮の文物の流入は、六世紀段階における上毛野《かみつけの》氏一族が渡来系氏族と深い交流を保ち、古墳時代社会の東国に新しい文化の波を伝え、軍事的にも経済的にも先進的な地方集団としてありえたことを示しているのではないかと思っている。この綿貫観音山古墳を生み出した古墳王国、毛野をその初期の様相からみていこう。

（大塚初重）

2　毛野国誕生前夜

未開の曠野〝ケノ〟

第2章の冒頭で述べたように、浅間山の噴火で発生した土石流が赤城山と榛名山の南方に厚く堆積した泥流層を形成した。この泥流層の広がる西部に井野川が流れ、その上・中流域とその周辺には山麓扇状地の形成が進み、弥生時代中期後半から後期にかけて北関東西部域では有数の村落社会、クニが発展していた。しかし、井野川低地帯東方の群馬県東南部、栃木県西南部にかけての低湿な平野地域は、弥生時代の人びとにとっては魅力のない土地であったようで、ほとんど無住の曠野《こうや》であった。

井野川の上・中流域とその周縁に住む弥生時代人たちは、東方に広がるその未開の曠野を自分たちの住む地〝イノ〟（井池の多い肥沃で湿潤な地勢をあらわし、変じて地名となった）にたいして〝ケノ〟（草木の繁茂する肥沃な未開の原野）とよんでいたと思われる。

〝ケノ〟にやってきた人びと

この〝ケノ〟の地は四世紀になると、東海西部の伊勢湾岸域に起源がある石田川式土器（図47）が急速に、しかも主体的様相で濃密な分布を広めている。このことは、かの地から移住してきた人びとによる〝ケノ〟の曠野の開発が進み、低湿な地にそれまでの小さな水田とは違う大きな水田をつくり、各地に村々が生まれていったことを示している。そして、それと連動するかのように大和政権中央の王墓に次ぐ規模を誇る大規模前方後方墳が、そして、それにつづいて大規模前方後円墳が〝ケノ〟の広大な沖積平野をヒンターランド（後背地）とする利根川とその支流の水運に恵まれた地に出現し、中小規模の古墳や周溝墓群も広まる。この〝ケノ〟の地域の変貌は、東国経営に乗り出した大和政権が派遣した首長たちがみずからの勢力を扶植し、各地に支配圏域を形成したことを示している。

図47 ● 石田川式土器（太田市中溝・深町遺跡出土）
左が甕、右が壺。4世紀代、無住の〝ケノ〟の曠野に進出した開拓者たちが使用した東海西部系の土器。

井野川地域にあっては、上・中流域を中心に弥生時代からつづく村落社会への影響を強めながら、大和政権中央の政治機構にならう形で、西方の倉賀野台地や東方の前橋台地に支配圏域が分立した。各地に成立した進出首長勢力の支配圏域は、やがては合従連衡《がっしょうれんこう》して〝毛野国〟へと進展していったのである。

〝毛野国〟という国名は、『古事記』にも『日本書紀』にも記載されていない。『旧事本紀』「国造本紀」においてのみである。記紀の地理観では、この〝ケノ〟の地は「あづまのくに」の一地域にすぎなかったのであろう。しかし、〝ケノ〟の地で進められた地域形成は、まさに〝毛野国〟の誕生につながるものといってよい。

そうした観点から、古墳時代の群馬県南部・栃木県西南部に広がる未開であった平野地域を「毛野」とよぼう。毛野はどのように変貌し、古墳時代後期に綿貫観音山古墳を造営した首長勢力が井野川流域に勢力を張り、やがて「上毛野国」を形成するようになったのかを各時代の古墳分布からみてゆこう。

（梅澤重昭）

3　毛野国の誕生と崩壊

「毛野」の形成と太田天神山古墳

四世紀代、それまでほとんど無住の地であった〝ケノ〟の地は西毛の前橋台地地域と、東毛の大間々扇状地末端に広がる沖積平野地域を中心に、進出首長勢力による地域形成が活発に進み、四世紀後半には井野川を挟む東方の前橋台地に勢力を誇った前橋天神山古墳の首長勢力にかわり、西方の倉賀野台地地域に倉賀野浅間山古墳の首長勢力が台頭した。しかし、五世紀をむかえる頃から、太田市域を中心とする東毛沖積平野地域に割拠していた首長たちの間に統合の動きが進み、それを背景に別所《べっしょ》茶臼山《ちゃうすやま》古墳が出現した（図49・50）。この地域統合の動きはさらに進展し、五世紀前半期後葉になると、東日本では最大の太田天神山古墳の出現へと発展した（図51）。

　太田天神山古墳は、墳丘規模は大阪府羽曳野市の誉田山《こんだやま》古墳の二分の一規模で、ほぼ相似形墳丘プラン。奈良市のコナベ古墳や藤井寺市の津堂城山《つどうしろやま》古墳と同形同大である。主体部は〝大王の石棺〟と称される組合せ式長持形石棺（図48）で、被葬者は五世紀代の大和政権（河内政権）の大王の系譜に連なる

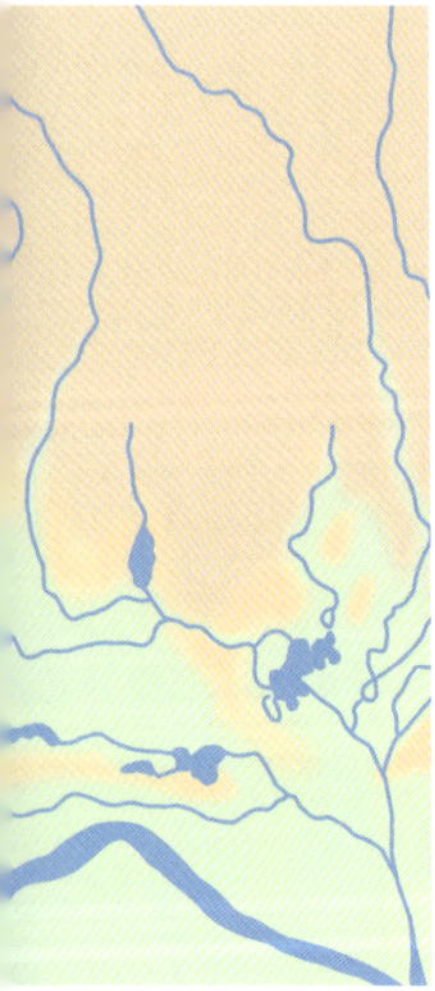

図48 ● 伊勢崎市・お富士山古墳の長持形石棺
石棺の大きさ、構造は大和政権大王の石棺と見劣りしない。大和政権傘下の工人の派遣を得て完成したとする説が有力だが、石棺そのものが王権を象徴するものとすれば、この石棺の被葬者は、大和政権大王に連なる氏族の首長ということになろう。

図49 ● 4世紀前半～4世紀中葉の毛野の主要古墳分布
大規模前方後方墳の前橋八幡山・元島名将軍塚古墳が前橋台地に、藤本観音山古墳が東毛沖積平野に、思川下流域に山王寺大桝塚古墳が、中小前方後方墳（周溝墓を含む）とともに〝ケノ〟の地の地域形成が進むなかで出現する。それを受け継ぎ、中規模円墳をともなうかたちで、前橋天神山古墳や下郷天神塚古墳が前橋台地に、鶴山・太田八幡山・牛沢頼母子・矢場薬師塚古墳などの大形前方後円墳が東毛沖積地域に出現する。

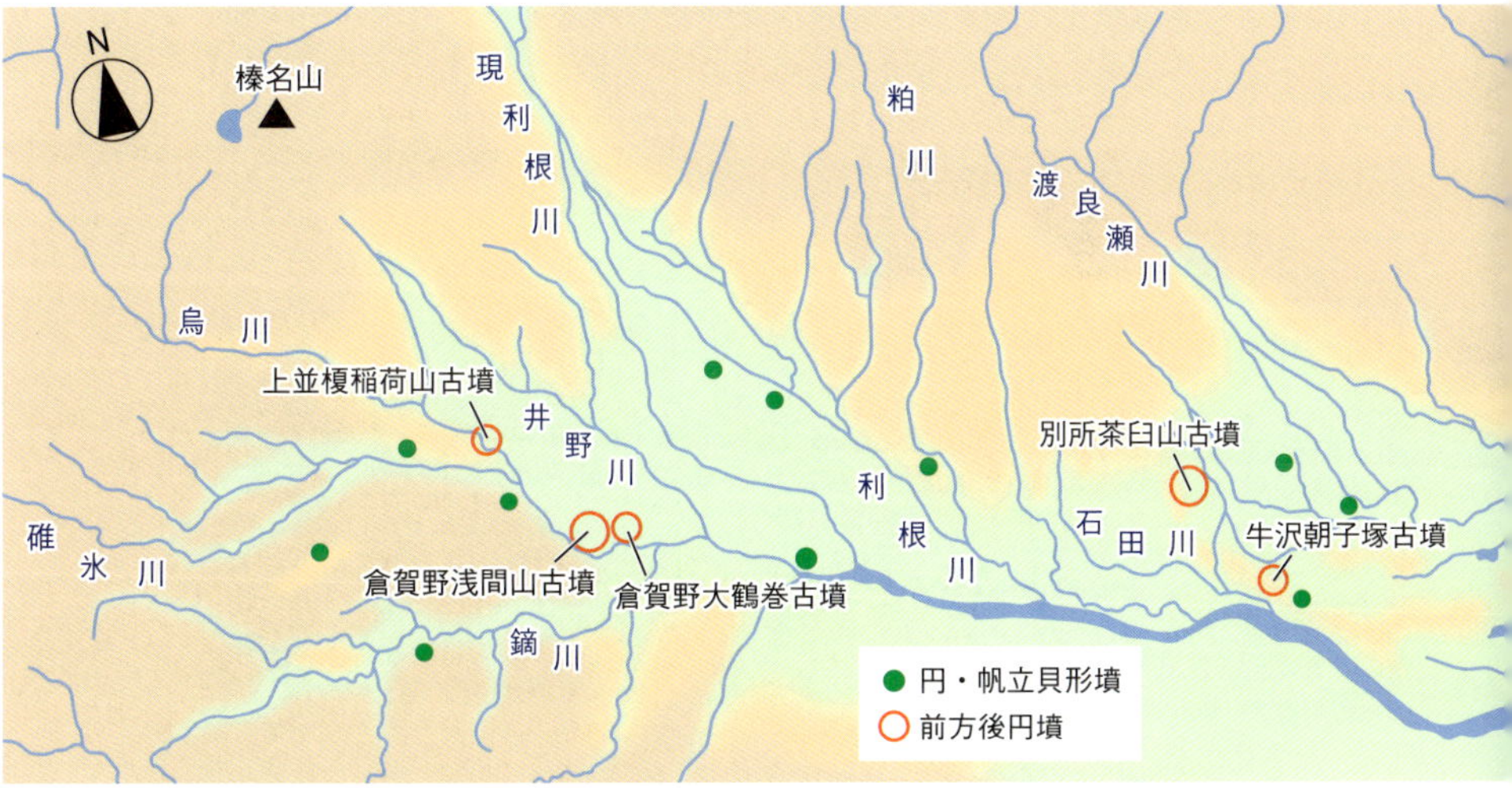

図50 ● 4世紀後半～5世紀初頭の毛野の主要古墳分布
利根川を境に〝ケノ〟の地域は、二極化の地域形成が進み、西の地域にはこの時期の東国最大の倉賀野浅間山古墳が出現する。弥生時代後期以来の西・北毛地域に圏域を維持していた樽式土器文化圏が消滅し、倉賀野浅間山古墳の首長による地域統合が進んだことによる。一方、東の地域には分立していた進出勢力を統合するかたちで、別所茶臼山古墳が出現する。

人物とは考えられないだろうか。このような墳墓がいきなり毛野に出現した背景には、毛野の首長連合が大和政権から自立した〝地方王権〟の結成をめざし、その宗主として大和政権中央から王を迎えたことにあるのだろう。その王の墓が太田天神山古墳と考えられる。

毛野の地におけるこの地域形成の動きこそ、まさに〝毛野国〟誕生そのものといってよい。この太田天神山古墳と同時期に、前方後円墳の空白地域であった赤城山南面の伊勢崎台地や井野川低地帯域に、伊勢崎お富士山古墳と綿貫不動山古墳という大規模前方後円墳が出現する。

これら三基の前方後円墳は大きさこそ違うが、その墳丘プランは同形で同企画・設計理念のもとに構築されている（図56）。しかしながら、伊勢崎お富士山古墳も主体部が組合せ式長持形石棺であるのに対して綿貫不動山古墳は刳貫式《くりぬきしき》長持形石棺である。

地方王権、毛野国の崩壊

この東毛沖積平野地域には太田天神山古墳につづく大規模前方後円墳はつくられず、かわって帆立貝形古墳がつくられるようになる。そうした状況のなかで、井野川流域には綿貫不動山古墳につづいて綿貫古墳群、保渡田《ほどた》古墳群に全長一〇〇メートル規模の前方後円墳が出現した。

このことは、大和政権から独立的な性格をもって成立した地方王権の〝毛野国〟の政権体制が太田天神山古墳の首長の一代をもって崩壊したことを意味する。

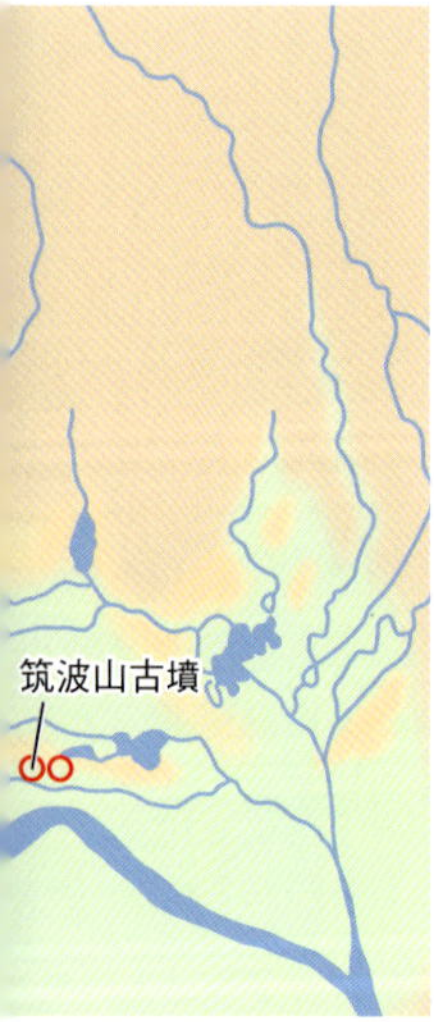

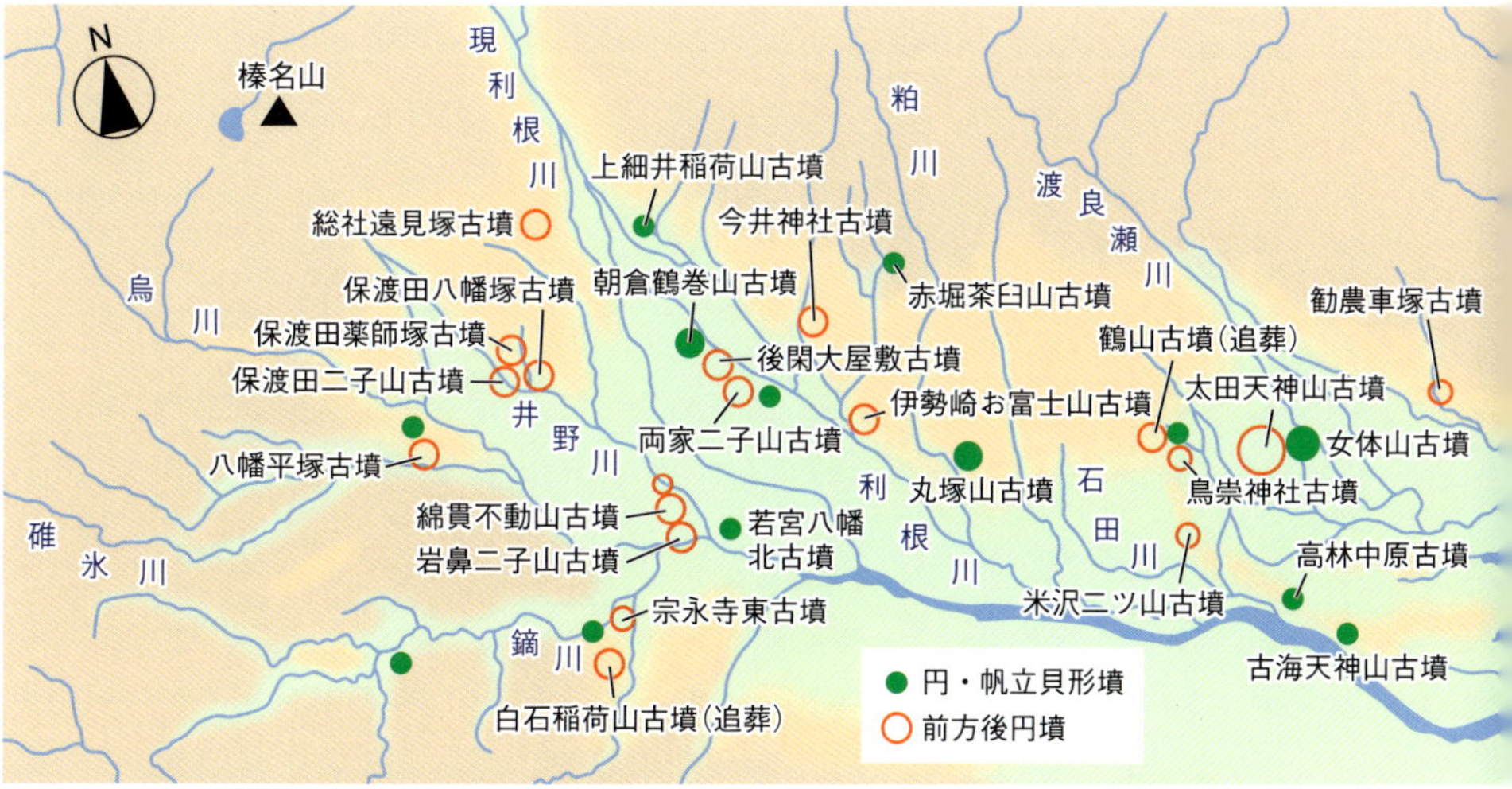

図51 ● 5世紀前半～5世紀末の上毛野の主要古墳分布

5世紀前半末、東毛沖積平野に東国最大の前方後円墳の太田天神山古墳が出現。ほぼ時期を同じくして赤城山南面地域に伊勢崎お富士山古墳、井野川低地帯下流域に綿貫不動山・岩鼻二子山古墳が出現し、主要地域は中規模前方後円墳が出現するが、5世紀後半にかけては井野川低地域に出現した保渡田古墳群を除き、他の地域では帆立貝形古墳が中核墳として発展する。

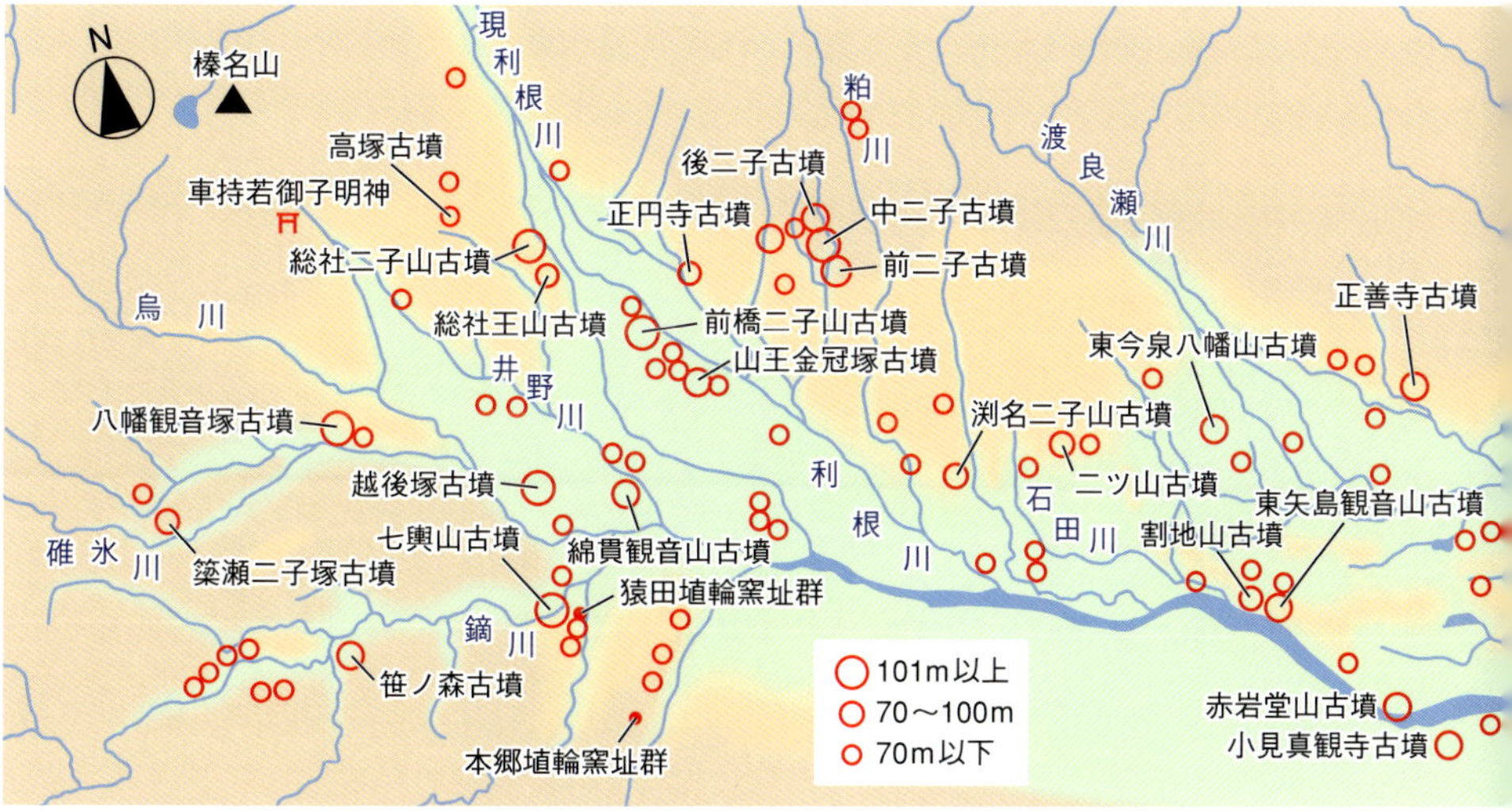

図52 ● 6世紀前半～6世紀末の上毛野の前方後円墳分布（付、車持若御子明神推定地）

6世紀前半、赤城南面地域、井野川圏域、碓氷川流域、鏑川流域に横穴式石室を導入した前方後円墳が出現し、それを契機に〝ケノ〟には西部域を中心に主要水系域を単位に100ｍ規模の前方後円墳が復活する。大和政権中央の影響のもとで採用された前方部の発達した墳丘形態のものが広まるが、観音山古墳のように5世紀以来の伝統を伝えたものも一部に根強く残存した。

利根川をはさんで南域に広がる武蔵国北部には埼玉古墳群の稲荷山古墳が出現し、その古墳出土の金錯銘鉄剣の銘文が伝えるように、大和政権がおし進める東国経営が進展するなかで、〝毛野国〟では、井野川流域に勢力を扶植した新来の首長が大和政権の〝毛野国〟経営の実権を担って、新たな時代を迎えたとみてよいだろう。（梅澤重昭）

4 井野川流域圏の台頭

この期を境に毛野の古墳文化の様相は、井野川流域を中心に飛躍的に変貌した。五世紀後半から末期、毛野国の前方後円墳の造営は井野川低地域において持続するなかで、その地域を中心に舟形石棺が広まり、中国大陸・朝鮮半島地域から伝えられた文化の影響がさまざまな文化・社会現象となって広まる。

五世紀中葉から後半になると、井野川下流域に綿貫古墳群が、それを追うように井野川上流域に保渡田古墳群が出現する。

綿貫古墳群の出現

綿貫古墳群（図53）は井野川の下流域にあり、存在が確認できる古墳は前方後円墳四基、帆立貝形古墳一基、他は前方後円墳をとり囲むように分布する円墳群から構成される古墳群で、中核的な存在を示しているのが、綿貫不動山古墳と岩鼻二子山古墳である。

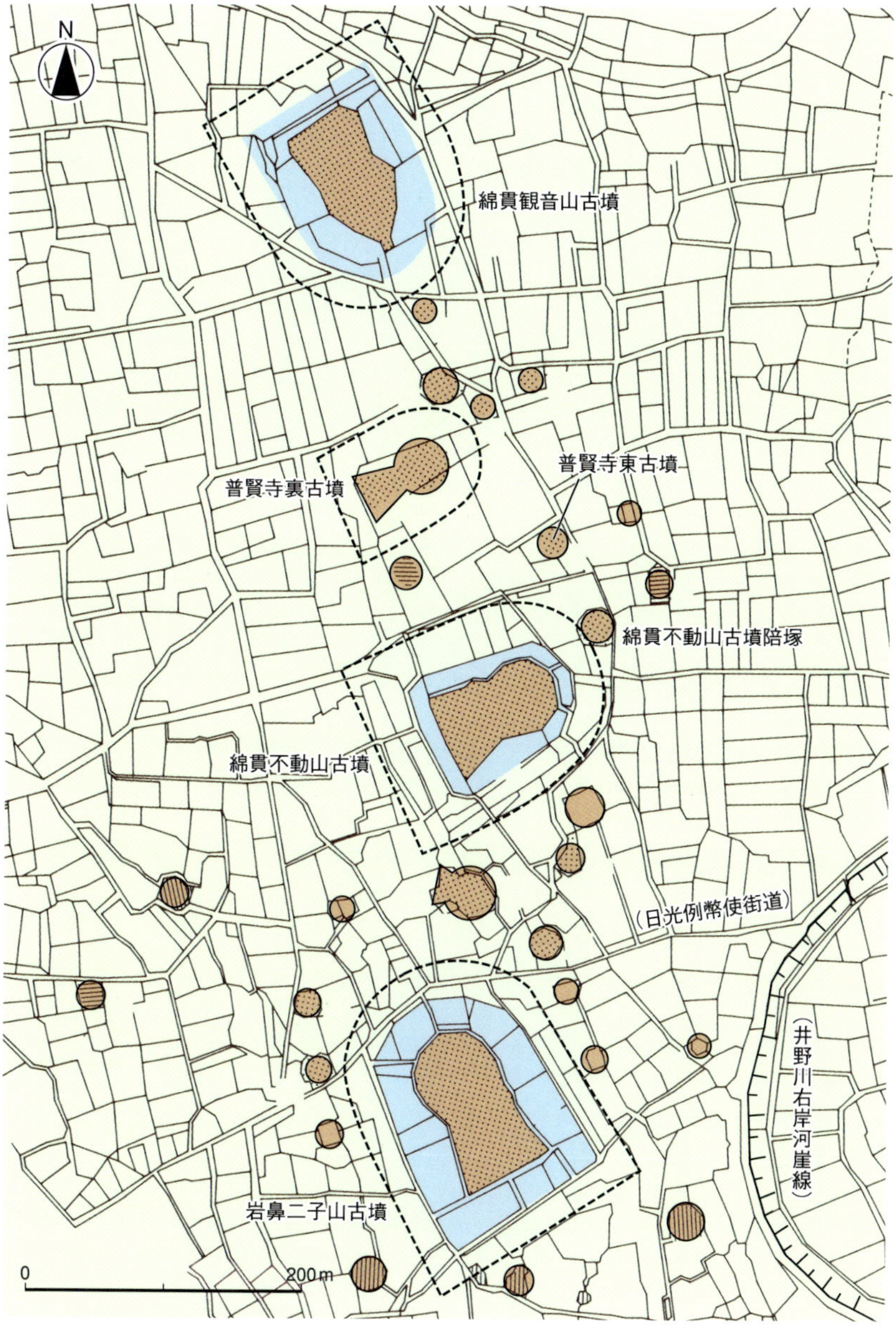

図53 ● 綿貫古墳群の主要古墳分布
4基の前方後円墳が南北に並ぶ。綿貫観音山古墳は、小型化した普賢寺裏古墳の後、約50年を経て6世紀後半に出現した。

この二基の古墳の前後関係は、研究者により見解が異なるが、私は五世紀中葉の綿貫不動山古墳につづいて岩鼻二子山古墳が継起的な関係をもって出現したものと考える。

綿貫不動山古墳（図54） 後円部が現存しているが、近年まで墳丘片側に造り出し施設を付設した大規模前方後円墳の特徴をよく残していた。昭和三〇年（一九五五）代に前方部が土取りで平易されたが、それを機に墳丘部・造り出し部を中心に発掘調査を実施している。その結果、墳丘規模は全長九四・〇メートル、後円部径五四・〇メートル、前方部幅五六・〇メートル、後円部高（現存部最高部位）一〇・一メートル、前方部高九・一メートル、くびれ部北側に造り出しを付設する二段築成の前方後円墳であることがわかった。

その埴輪類は、墳頂部は明らかではないが、円筒列は下段墳丘の上縁平坦面を一周し、造り出し施設の上縁にもめぐらされていて、整然とした配列をみせる。これら円筒埴輪類は、成形技法にバラエティーが認められるが、野焼きではなく窖窯《あながま》、すなわち須恵器焼成技術で製作さ

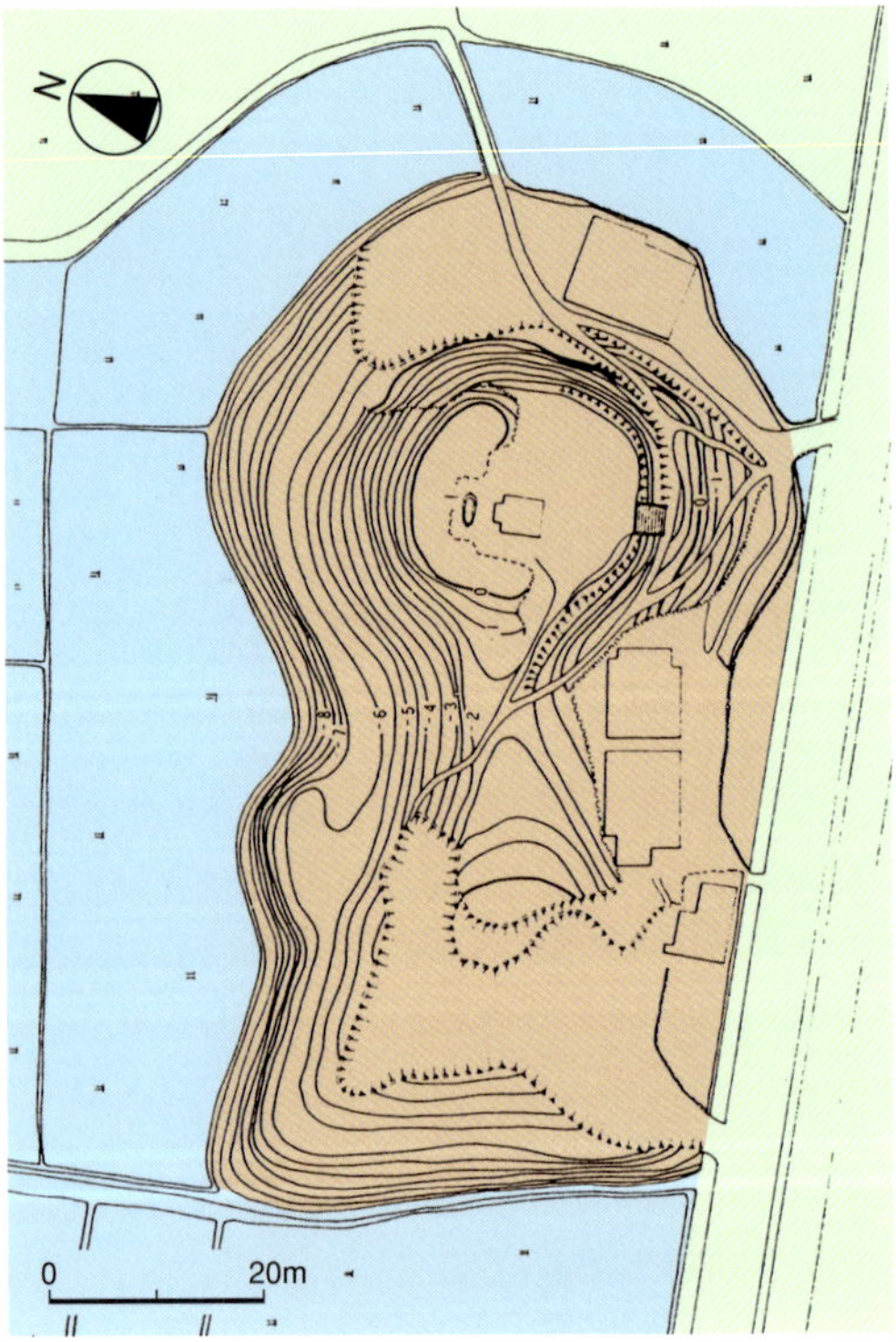

図54 ● 綿貫不動山古墳の墳丘実測図
前方部墳丘北側、くびれ部に近い部位に造り出しを付設する典型的な中期古墳。

れていた。しかし、人物像群や飾馬などの形象埴輪の配列は墳丘部はもちろん、墳丘外の中堤部や陪塚と推定される後円部後方の円墳からもみつかっていない。

不動山古墳の刳貫式長持形石棺（**図55左**）の形態は、底部が厚く両端の縄掛け突起もしっかりした形状で、突起部を除く身部の形状は箱形である。内法は長さ二・四〇メートル、幅一・〇二メートルの矩形プラン。見るからに重厚な造りである。

岩鼻二子山古墳　現存していないが、墳丘を撮った写真があり、その墳丘規模は全長約一一五メートル、後円部径約六〇メートル、前方部幅約六七メートルと推定できる。

主体部は刳貫式長持形石棺（**図55右**）で、その棺身部は、保渡田古墳群の二子山古墳、八幡塚《はちまんづか》古墳にも認められるが、片方の縄掛け突起を欠除している。棺蓋は天部がつぶれた寄棟形で、棺身と棺蓋の重ねは印籠《いんろう》蓋《ぶた》仕様となっている。棺身・棺蓋の箱形の形状や縄掛け突起の造りは、まさに組合式《くみあわせしき》長持形石棺そのもので

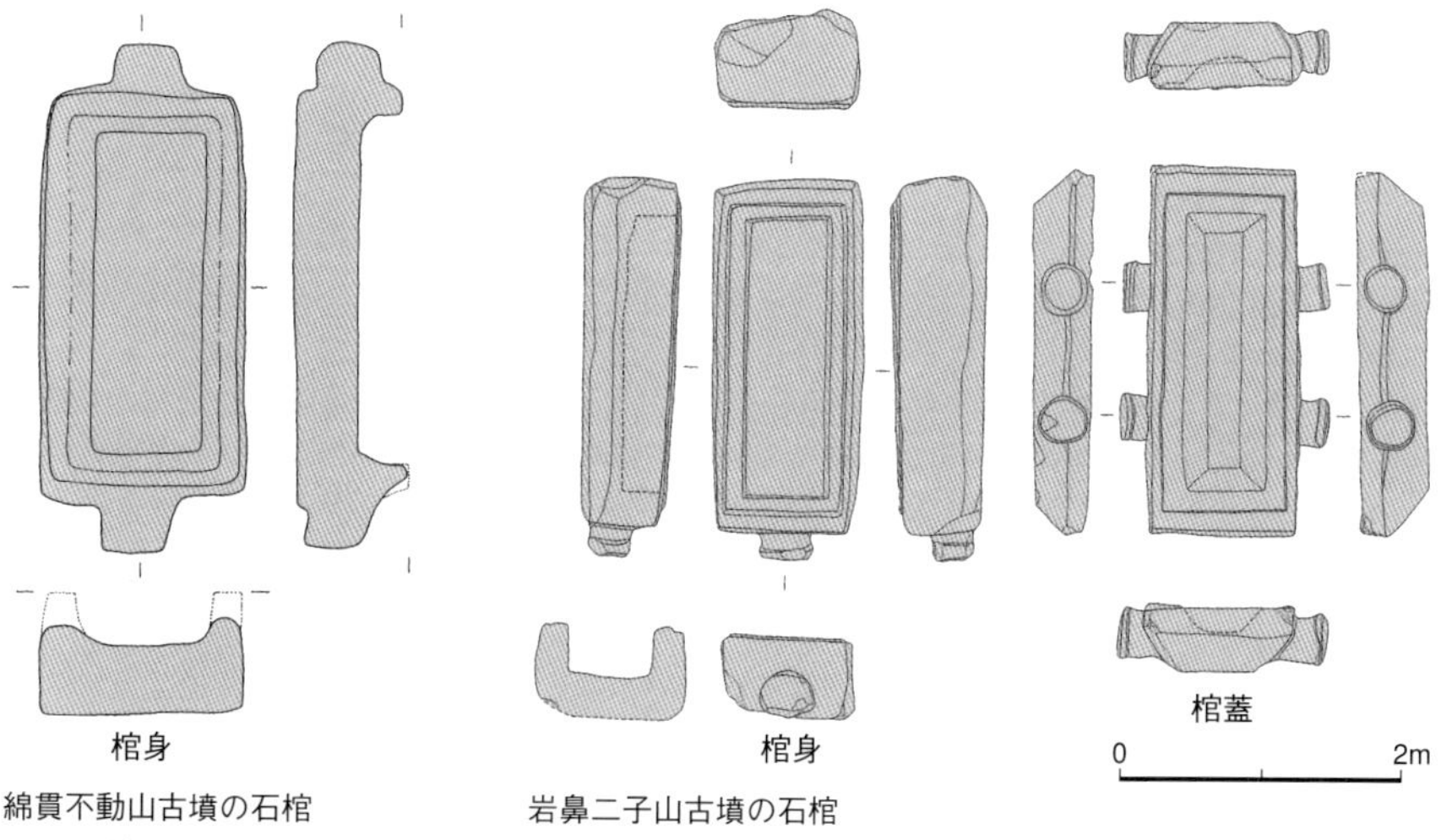

図55 ● 綿貫不動山古墳と岩鼻二子山古墳の主体部石棺
両石棺とも砂岩製。不動山古墳石棺の内法長は2.4 m。太田天神山古墳や伊勢崎お富士山古墳石棺とくらべても見劣りしない大きさである。二子山古墳石棺は内法長 1.88 m、小型化している。

ある。

副葬品に五神四獣鏡一・鉄鍬一・鉄斧一・鉄鉾一・鉄剣二・鉄直刀一三、石製模造品として刀子一一・石製品片一などがある。

普賢寺裏古墳　綿貫不動山古墳の北方に位置する普賢寺裏古墳は、全長約七〇メートルの前方後円墳である。前方部が低く、一見古式な墳丘形態をうかがわせるが、主体部は礫槨と推定される古墳である。綿貫不動山古墳や岩鼻二子山古墳に後出する古墳である。その配下に位した首長の墳墓とすべきであろう。

普賢寺東古墳　綿貫不動山古墳の東北、周堀外縁に近接する地に存在した円墳ではないかと考えられ、主体部は確認されていないが、赤色塗彩をした川原石積みの石室であった。副葬品に挂甲小札、初期馬具類を特徴づける鉄地金銅張f字形轡が出土した。現在、知られている毛野国域出土古墳時代馬具類では最古級のもので、朝鮮半島域からの将来品である。古墳群分布域に隣接する不動山古墳東遺跡からは、韓式土器も出土している。

二代にわたる威勢

綿貫不動山古墳、岩鼻二子山古墳を造営した首長は、西日本の舟形石棺発展地域との直接的な交流があり、みずからのアイデンティティーをもって刳貫式長持形石棺を採用し、支配圏域に舟形石棺分布を広める動因をなしたと思われる。彼らは、地方政権・毛野国の王として迎えられた太田天神山古墳の王に従って井野川流域に進出し、勢力を扶植した首長であろう。出自は、大陸・朝鮮半島地域との交流をもつ開明な氏族で、馬匹飼育などの渡来系職能集団を擁して毛野に進出した首長だったのではないだろうか。

　しかし、この二基の古墳に継起する大規模前方後円墳は、綿貫古墳群には出現しなかった。井野川下流域に進出した首長勢力は、五世紀中葉～末期にあって二代にわたって勢力を誇ったが、以後六世紀後半の綿貫観音山古墳の出現まで綿貫古墳群では大規模前方後円墳の造営は中断した。

保渡田古墳群の出現

　そうした綿貫古墳群の出現にやや遅れて五世紀後半期に、井野川上流域の榛名山山麓扇状地とその末端に広がる沖積平野には保渡田古墳群の二子山古墳、八幡塚古墳、薬師塚古墳が相ついで出現した（**図57**）。

　これら保渡田古墳群の古墳は、本シリーズ第三巻『古墳時代の地域社会復元　三ツ寺I遺跡』で触れているので詳述は割愛するが、一九六〇年ころの耕地整備事業で消失した上並榎《かみなみえ》稲荷山《いなりやま》古墳につづいて出現した二子山古墳の後を

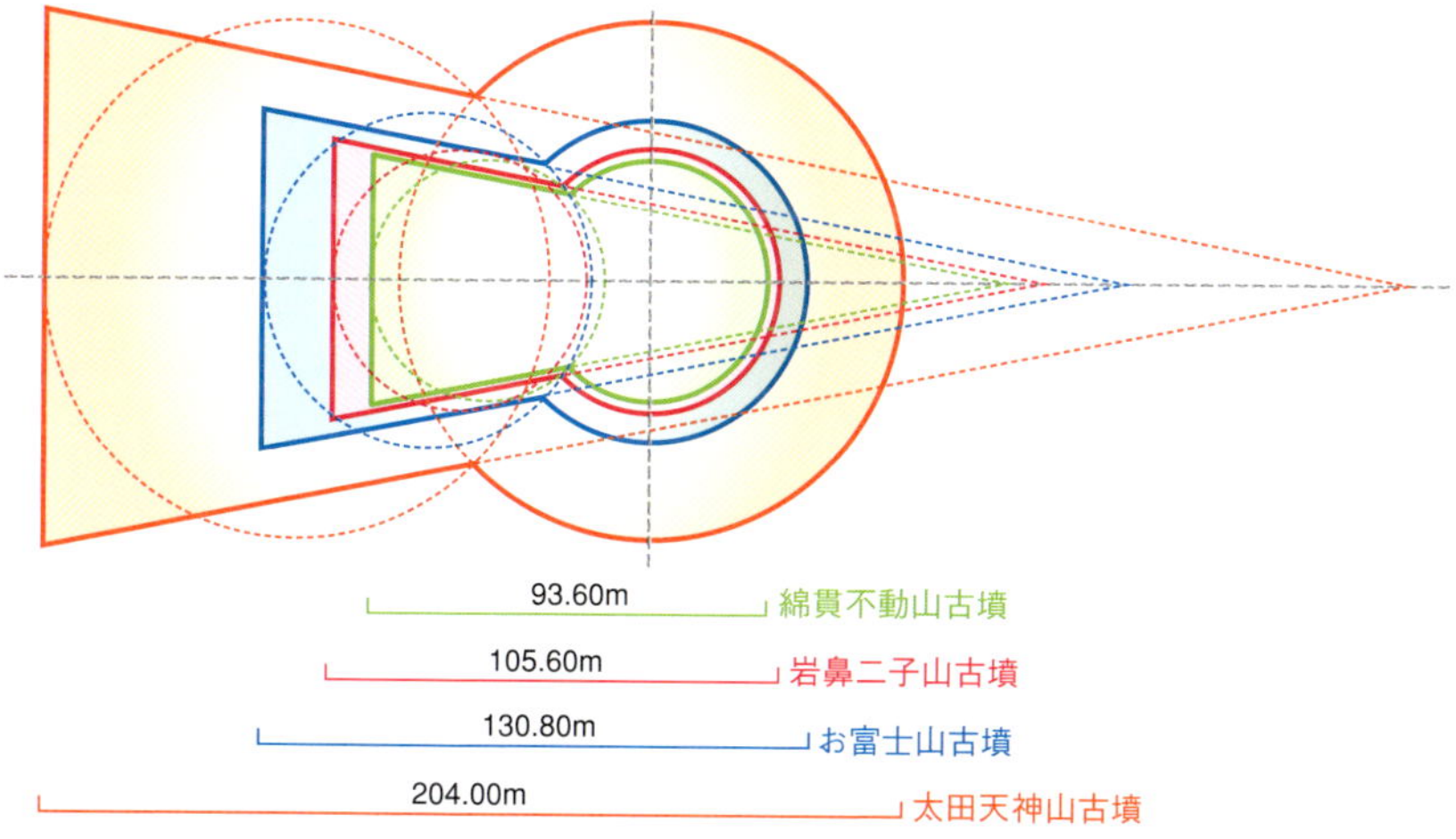

図56 ● 太田天神山・伊勢崎お富士山・綿貫不動山・岩鼻二子山古墳の墳丘平面プラン相関図
墳丘平面プランは相似形。同一設計仕様で構築されたと推される。太田天神山古墳の王を頂点とする毛野国のヒエラルヒーを投影しているのであろう。（数値は、設計・企画上のもの）

受けて八幡塚古墳、薬師塚古墳へと、継起的に出現した古墳群と推定される。いずれも全長一〇〇メートルクラスの大規模前方後円墳で、主体部は刳貫式舟形石棺である。

ちなみに、刳貫式石棺（舟形石棺）の毛野における分布域は、井野川流域を中心とする西毛地域に限られ、東半域の東毛沖積平野地域にはみられない。その盛行した時期は、五世紀中葉から六世紀前半期で、その時期の東毛沖積地地域では礫槨を主体部とする帆立貝形古墳が盛行している。

保渡田古墳群では、綿貫不動山古墳の墳丘プランを継承するかたちで八幡塚古墳が出現しているが、二子山古墳にはじまり、この古墳群では新たに後円部周囲に四基の中島を配置し、人物埴輪群を墳丘外の中堤に配置するという様相がみられる。人物像群・飾馬をはじめとする動物群をもって構成される埴輪群が配置されるようになる毛野の古墳のさきがけをなした古墳群である。

図57 ● 復元整備された保渡田古墳群の二子山古墳と八幡塚古墳
中堤に囲まれた内堀内に後円部を囲み４基の中島が配置された保渡田古墳群の前方後円墳。整然とした中島の配置は現在保渡田古墳群以外に知られていない。

井野川低地帯における綿貫・保渡田古墳群の出現を契機に、毛野の地は上毛野国へと地域形成の色合いを一段と強めていった。（梅澤重昭）

5　大和政権下の毛野

帆立貝形古墳の出現

五世紀後半代、毛野の地域は榛名山の広大な裾野原野を水源域とする井野川流域を中心にいちじるしい変貌を遂げた。しかし、六世紀初頭から前半期には井野川低地圏でも大規模前方後円墳の造営は途絶え、帆立貝形古墳がつくられるようになる。これは、ひとつには五世紀末から六世紀初頭と推定される榛名山二ツ岳の噴火による自然災害が起因と考えられる。榛名山南麓裾の原野に広がり、発展していた馬匹飼育集団ともいうべき村落社会は壊滅的な災害にあったであろう。近年、渋川市の金井東裏《かないひがしうら》遺跡からは、挂甲を着けた人物が火砕流に埋没した状態で発見されて話題となった。

もうひとつの理由として、毛野の地に大和政権中央から進出した渡来系氏族が、四世紀以来の毛野の在地勢力である上毛野氏の一流と結ばれ、その雄族となり、榛名山南面から東面の井野川流域を中心に支配地域を広げていたが、大和政権中央に出仕して活躍するようになったからだと思われる。時代は、倭をとり巻く東北アジアの国際情勢が朝鮮半島地域を中心に緊張するなかで、大和政権の大王権をめぐる混乱もあり、毛野の地に展開した馬匹飼育集団などによる生産活動の拡大を背景に、上毛野氏の雄族となった経済力と軍事力を誇る渡来系上毛野氏を大和政権は必要としていた。渡来系上毛野氏の雄族たちは大和政権の中央で活躍するようになり、地元を離れたと考えると、六世紀初頭から前半代の帆立貝形古墳の盛行や六世紀前半代の前方後円墳の復活は、説明がつくのではないだろうか。

横穴式石室の出現

そうしたなかで、毛野では最初の横穴式石室をもつ古墳が出現する。前橋市の総社古墳群にある王山古墳である。全長七五・六メートルほどの前方後円墳で、長大な羨道部を矩形プランの玄室の片端部に接続した円礫積み両袖型の横穴式石室をもつ。石室全長は一六・三七メートルで群馬県内では最長の石室である（図58）。

この古墳の出現に歩を合わせるように、毛野の他の地域にも横穴式石室をもつ古墳が出現する。赤城山南から西南面地域には、前橋市の前二子古墳・正円寺古墳があらわれ、西毛の〝ウス地域（のちの碓氷《うすい》郡地域）〟には安中市の簗瀬《やなせ》二子塚《ふたごづか》古墳があらわれる。これらの古墳の横穴式石室は、使用石材の違いはあるものの乱石積み狭長な

図58● 調査直後の総社王山古墳の墳丘と主体部横穴式石室
全長75.6 m。最初円墳として構築されたが、後に前方後円墳に改築された。墳丘は二段築成。墳丘のほとんどを川原石積みした積み石塚古墳か。主体部は、川原石乱石積みの壁面赤色塗彩の横穴式石室。全長16.37 mは県内では最長の大石室。

床面プランの石室、副葬品には優品な金工芸品が多く、朝鮮半島地域との交流の深さをうかがわせる。注目すべきは、これらの古墳は造営が途絶えていた前方後円墳が復活するなかで出現していることである。それらが六世紀前半代に激動する朝鮮半島地域に派遣された渡来系上毛野氏の首長たちが帰還して造営されたものであることは間違いないであろう。

再び大前方後円墳の造営がはじまる

六世紀前半には緑野屯倉、山ノ上碑の碑文に記載されている佐野三家（屯倉）が烏川をはさんで南岸の藤岡台地、北岸の倉賀野台地に設置され、この地域に六世紀中葉期になるころから、大和政権中央の王墓級前方後円墳にならうかのように、前方部が大きく発達した藤岡市の七輿山古墳や高崎市の越後塚《えちごづか》古墳などの大規模前方後円墳があらわれる。この二基の古墳の出現は、大和政権の大王の直轄地経営という新たな動きとともに、毛野の有力首長の大和政権中央での政治的地位も大きく変容したことを示す事象ととらえるべきであろう。

　七輿山古墳は、『日本書紀』安閑天皇二年条に載る上毛野国に設置された緑野屯倉の地にあり、東国最大の後期前方後円墳であるとともに、その墳丘プランは大阪府堺市のニサンザイ古墳と同形で、その規模はニサンザイ古墳の二分の一である。継体天皇陵と推定されている大阪府高槻市の今城塚《いましろづか》古墳や、東海地域最大の前方後円墳である名古屋市の断夫山《だんぷさん》古墳も同形の墳丘プランで築造されている。

　この七輿山古墳の出現を契機にして、それ以降、毛野の地には総数では大和政権中央の地域を上回る数の前方後円墳が出現したが、六世紀後半代の毛野の地の大規模前方後円墳の多くは七輿山古墳型墳丘プランの系譜に連なる展開をたどり、六世紀末にその造営は終焉をむかえることになる。

（梅澤重昭）

6 上毛野の雄族、綿貫観音山古墳の首長

独自性を保つ綿貫観音山古墳

しかし、そうした時代にあって、綿貫観音山古墳は独自な存在を示している。その墳丘形態は、太田天神山古墳の系譜に連なる綿貫古墳群の不動山古墳、保渡田古墳群の八幡塚古墳の墳丘プランを踏襲している。この墳丘形態にみられる保守的様相は、主体部横穴式石室の石材加工・構築技術力の高さや、国際色に富んだ工芸的に優れた金工芸品が多くを占める副葬品の内容にみられる豊かな経済力を誇り、国際情勢にも通じた開明・進取的な観音山古墳の氏族の性格とは異なってみえる。

それは、五世紀中葉に太田天神山古墳の王を宗主に迎えて成立した地方政権〝毛野国〟の政権の中枢氏族として、井野川流域圏に勢力を扶植した渡来系氏族が、毛野の在地勢力である上毛野氏と擬制的に結ばれて、上毛野氏の雄族に成長し、築き、伝えてきた氏族の伝統を継承しようとする墳墓造営における姿勢と考えられはしないだろうか。

『日本書紀』応神天皇一五年条に、上毛野氏の祖・荒田別《あらたわけ》が王仁《わに》招聘《しょうへい》のために百済に派遣され

たことを載せており、また、仁徳天皇五三年条に上毛野氏の祖・田道《たぢ》が新羅に遠征し、新羅人を連れ帰ったということを載せている。時代は下るが、『日本書紀』舒明天皇九年（六三七）条は、征夷将軍上毛野君形名《かたな》の妻が「汝の祖先は蒼海を渡り万里を跨いで水表のまつりごとを平らげ、威武をもって後世につたえる」と、戦陣にあって形名を鼓舞し、蝦夷追討を成し遂げたと伝えてもいる。

いずれも上毛野氏が渡来系氏族に深くかかわりのある氏族で、外交・軍事に活躍した氏族であったことを示す伝承である。こうした氏族伝承を踏まえて、綿貫観音山古墳を造営した氏族の性格を推定すると、のちの律令官僚として活躍した渡来系上毛野氏の先祖に位置づけられる氏族とするのがふさわしい。

車持公氏と上毛野氏

『新撰姓氏録』左京皇別下は、車持公《くるまもちのきみ》条は豊城入彦命《とよきいりひこ》の八世孫射狭君《むさのきみ》の後で、雄略天皇に乗輿を供進したので車持公の氏姓を賜った氏族と記している。豊城入彦命は、上毛野氏・下毛野氏らの始祖と伝えているので、車持君氏は上毛野氏らと同族ということになるが、その出自は、摂津・長渚崎《ながすのさき》（兵庫県尼崎市長渚付近）に本拠をおいた海運・陸運に長じた氏族で、大和王権の朝鮮半島地域との交流・外交面でも重きをなしていたと思われる。車持公の賜姓は、そうした職掌的性格の強い氏族に与えられた姓であり、〝クルマ〟が元の姓ではなかったかと私は推定している。

『日本書紀』履中天皇五年一〇月条には、「車持君が筑紫国へ行ってことごとく車持部を検校し、あわせて充神者《かむべらのたみ》（神戸）を奪ってしまった。履中天皇は車持君といえども、ほしいままに天皇の百姓を検校してはならない、以後は筑紫の車持部を司ってはならないと命じた」（『日本古代氏族人名事典』）という内容の記載がある。この記事を除けば、車持公氏に関する記載は『日本書紀』には残されていない。しかし、雄略天皇に乗輿を供進したという『新撰姓氏録』の記事には、雄略朝において、車持公氏の前身が車持部の管掌者として復権した氏族であったことをうかがわせる。あえて推論すれば、上毛野氏らと同祖とする車持公氏の前身は、大和政権を支えるテクノクラート氏族としての地位にとどまっており、地方政権〝毛野国〟の形成に大きくかかわっていた氏族ではなかったかと考える。

雄略朝における東国経営が進展するなかで、毛野の地では地方王権〝毛野国〟が太田天神山古墳の王一代で崩壊した後は、車持公氏の前身首長が井野川圏域に扶植した馬飼い専業集団をはじめとする新来の技術集団の管掌者としてつちかった経済力を背景に上毛野氏の家柄を誇る一流と擬制的に結ばれ、上毛野氏となって、その地歩を固めたのではないだろうか。そして大和政権中央に出仕し、外交的にも活躍したと推定する。

綿貫観音山古墳に眠る首長は？

藤原京出土の木簡に「上毛野国車評桃井里大贄鮎（以下略）」がある。車評《くるまのこおり》は、のちの群馬郡で、その郡域は現在の利根川から烏川にはさまれた榛名山南面の地域であり、古墳時代におけるその中心的な地域は井野川流域の地である。

　その群馬郡域には、上野国総社神社本の『上野国神名帳』の群馬西部の部に「正五位　車持若御子明神」、「従五位　車持明神」の二神社を載せている。車持を称する神社は上毛野国内にはこの群馬西郡の部に載る以外にはない。現在は、井野川上流域の高崎市十文字に車持公を祭神とする車持神社（図52・59）が鎮座している。榛名山南面の井野川流域に車評の建制が存在したこと、車持を社名とする神社、しかも、その祭神は車持公として祀られているという井野川流域の地域環境は、この地域における五世紀中葉から六世紀代の地域形成が車持公氏の前身首長の毛野における上毛野氏として再生したその足跡を投影しているものといえないだろうか。雄略朝における東国経営のもとで、車持公氏の前身首長は太田天神山古墳の王一代で崩壊した地方王権〝毛野国〟を上毛野国、下毛野国に再編する道を開いた氏族であろう。そして、綿貫観音山古墳の被葬者は、そのクルマ氏の後裔にあたる氏族の首長であり、しかも六世紀中葉代に大和政権がかかわった朝鮮半島地域における緊張した国際情勢のなか、外交・軍事両分野において活躍した氏族の首長と考えている。

（梅澤重昭）

図59 ● 車持神社社殿
『上野国神名帳』に載る車持若御子明神を祭神として祀る。
井野川源流の車川南岸に広がる裾野丘陵地帯にある。

引用・参考文献

群馬県教育委員会・(財) 群馬県埋蔵文化財調査事業団　一九九八『観音山古墳Ⅰ』墳丘・埴輪編
群馬県教育委員会・(財) 群馬県埋蔵文化財調査事業団　一九九九『観音山古墳Ⅱ』石室・遺物編
群馬県教育委員会　一九八一『史跡　観音山古墳―保存修理事業報告書―』
群　馬　県　一九三八『上毛古墳綜覧』(『群馬県史蹟名勝天然紀念物調査報告』第五輯)
群馬県史編さん室　一九八一『群馬県史』資料編3　原始古代3
群馬県史編さん室　一九九一『群馬県史』資料編2　原始古代2
太　田　市　一九九六『太田市史』通史編　自然・原始古代
高崎市史編さん委員会　一九九九『新編　高崎市史』資料編1　原始古代Ⅰ
高崎市史編さん委員会　二〇〇三『新編　高崎市史』通史編1　原始古代
榛名町誌編さん委員会　二〇一一『榛名町誌』通史編 上巻　原始古代・中世
群馬県教育委員会　一九七〇『史跡天神山古墳外堀部発掘調査報告書』
山川七左衛門編　一九二三『梅仙居蔵古鏡図集』第一輯
静　岡　県　一九三〇「駿東郡及び沼津市の遺跡」『静岡県史』1
町田　章　一九七〇「古代帯金具考」『考古学雑誌』第五六巻―一号
大韓民国文化財管理局　一九七四『武寧王陵』(日本語版)
梅澤重昭　一九七八『毛野の古墳の系譜』考古学ジャーナル No.150
王　克　林　一九七九「北斉庫狄廻洛墓」『考古学報』一九七九―三
三重県教育委員会　一九八八『井田川茶臼山古墳』
内山敏行　一九九二「古墳時代後期の朝鮮半島系冑」『研究紀要』一　栃木県文化振興事業団埋蔵文化財センター
平尾良光　一九九三「法隆寺献納宝物 水瓶の蛍光X線分析法による材質の調査」『法隆寺献納宝物特別調査概報XIII 水瓶』
奈良県立橿原考古学研究所編　一九九五『斑鳩藤ノ木古墳第二・三次調査報告書』
熊倉浩靖　二〇〇八『古代東国の王者―上毛野氏の研究―』雄山閣

綿貫観音山古墳

・群馬県高崎市綿貫町1752
・交通　JR高崎駅東口から「高崎市内循環バスぐるりん」9・10系統で「綿貫団地南」下車、徒歩約5分
見学無料。石室の見学は、事前に申し込んだほうが確実。問い合わせ先は群馬県教育委員会事務局文化財保護課（電話027—226—4684）

綿貫観音山古墳

群馬県立歴史博物館

・群馬県高崎市綿貫町992—1
・電話　027（346）5522
・開館時間　9：30～17：00（入館は16：30まで）
・休館日　月曜、月曜が祝日の場合は火曜、年末年始
・入館料　大人300円、大学・高校生150円、中学生以下は無料

群馬県立歴史博物館

・交通　JR高崎駅東口から「高崎市内循環バスぐるりん」9・10・15系統で「群馬の森」下車、徒歩3分。車で、上信越自動車道藤岡ICより約10分、関越自動車道高崎ICより約15分、北関東自動車道前橋ICより約15分

二〇一七年七月一五日にリニューアルオープン。原始から近現代までの群馬県の歴史を実物資料を中心に、模型・映像などでわかりやすく展示。綿貫観音山古墳出土の埴輪や鏡、水瓶などの重要文化財も常設展示されている。

博物館館内の展示

遺跡には感動がある

――シリーズ「遺跡を学ぶ」刊行にあたって――

「遺跡には感動がある」。これが本企画のキーワードです。

あらためていうまでもなく、専門の研究者にとっては遺跡の発掘こそ考古学の基礎をなす基本的な手段です。また、はじめて考古学を学ぶ若い学生や一般の人びとにとって「遺跡は教室」です。

日本考古学では、もうかなり長期間にわたって、発掘・発見ブームが続いています。そして、毎年厖大な数の発掘調査報告書が、主として開発のための事前発掘を担当する埋蔵文化財行政機関や地方自治体などによって刊行されています。そこには専門研究者でさえ完全には把握できないほどの情報や記録が満ちあふれています。しかし、その遺跡の発掘によってどんな学問的成果が得られたのか、その遺跡やそこから出た文化財が古い時代の歴史を知るためにいかなる意義をもつのかなどといった点を、莫大な記述・記録の中から読みとることははなはだ困難です。ましてや、考古学に関心をもつ一般の社会人にとっては、刊行部数が少なく、数があっても高価なその報告書を手にすることすら、ほとんど困難といってよい状況です。

いま日本考古学は過多ともいえる資料と情報量の中で、考古学とはどんな学問か、また遺跡の発掘から何を求め、何を明らかにすべきかといった「哲学」と「指針」が必要な時期にいたっていると認識します。

本企画は「遺跡には感動がある」をキーワードとして、発掘の原点から考古学の本質を問い続ける試みとして、日本考古学が存続する限り、永く継続すべき企画と決意しています。いまや、考古学にすべての人びとの感動を引きつけることが、日本考古学の存立基盤を固めるために、欠かせない努力目標の一つです。必ずや研究者のみならず、多くの市民の共感をいただけるものと信じて疑いません。

二〇〇四年一月

戸沢 充則

著者紹介

大塚初重（おおつか・はつしげ）

1926年、東京都生まれ。明治大学大学院文学研究科考古学専攻博士課程修了。文学博士。明治大学文学部長、明治大学人文科学研究所所長、山梨県立考古博物館館長、日本考古学協会会長などを歴任。明治大学名誉教授。
主な著作　『日本古墳大辞典』（編著）東京堂出版、『東国の古墳と大和政権』吉川弘文館、『邪馬台国をとらえなおす』講談社現代新書、『土の中に日本があった』小学館、『掘った、考えた』中央公論新社など多数。

梅澤重昭（うめさわ・しげあき）

1934年、群馬県生まれ。明治大学大学院文学研究科考古学専攻修士課程修了。群馬県教育委員会文化財保護課長、群馬大学教育学部教授などを歴任。
主な著作　『群馬県史』資料編3 原始・古代（分担）、『同』通史編2 原始・古代（分担）、『太田市史』通史編 原始・古代、『群馬県風土記』旺文社など多数。

○コラム
桜場一寿（さくらば・かずひさ）元群馬県教育委員会文化財保護課　綿貫観音山古墳整備事業担当。

写真提供（所蔵）
群馬県立歴史博物館：図1・7・15上・19・20・22・23上・24〜29・31・33右・34〜37・39（金銅製環状鏡板付轡・鉄製壺鐙・銅製環鈴・金銅製心葉形杏葉・金銅製歩揺付飾金具）・40・41・44・45（頭椎大刀・捩り環頭大刀・三累環頭大刀柄頭・冑・籠手・臑当・胸当）・博物館と展示風景／茨城県立歴史館：図30／韓国・國立公州博物館：図42／九州国立博物館：図43／太田市教育委員会：図46左・47／藤岡市教育委員会：図46右／伊勢崎市教育委員会：図48／高崎市教育委員会：図57・59（『榛名町誌』より）／前橋市教育委員会：図58／上記以外は著者／綿貫観音山古墳出土遺物はすべて国〈文化庁〉保管

図版出典（一部改変）
図2・10下・11・12・18・53：群馬県教育委員会・（財）群馬県埋蔵文化財調査事業団 1998／図13・16・32：群馬県教育委員会・（財）群馬県埋蔵文化財調査事業団 1999／図54：高崎市史編さん室 1999／上記以外は著者

シリーズ「遺跡を学ぶ」119

東アジアに翔《かけ》る上毛野《かみつけの》の首長　綿貫観音山《わたぬきかんのんやま》古墳

2017年8月10日　第1版第1刷発行

著　者＝大塚初重・梅澤重昭

発行者＝株式会社 新 泉 社
東京都文京区本郷2−5−12
TEL 03（3815）1662／FAX 03（3815）1422
印刷／三秀舎　製本／榎本製本

ISBN978−4−7877−1639−2　C1021

シリーズ「遺跡を学ぶ」